ANPP
NO DIREITO ELEITORAL

AMANUENSE
DIREITO

YASMIN BREHMER HANDAR

ANPP NO DIREITO ELEITORAL

1ª EDIÇÃO
SÃO PAULO • 2023

AMANUENSE
DIREITO

Edição: Rodrigo Haidar
Revisão e diagramação: Edson Furmankiewicz
Projeto gráfico: Luciana Huber
Imagem de capa: 123 RF

Dados Internacionais de Catalogação na Publicação (CIP)
(Câmara Brasileira do Livro, SP, Brasil)

Handar, Yasmin Brehmer

O acordo de não persecução penal no direito
eleitoral / Yasmin Brehmer Handar. – 1. ed. – São Paulo : Amanuense, 2023.

Bibliografia.

ISBN 978-65-80788-15-6

1. Direito eleitoral - Brasil 2. Justiça eleitoral I. Título.

23-157019   CDU-342.8(81)

Índices para catálogo sistemático:
1. Brasil : Direito eleitoral 342.8(81)

Aline Graziele Benitez - Bibliotecária - CRB-1/3129

AMANUENSE

Amanuense Livros Ltda.
Rua Nilo 241, Sala 02 — CEP 01533-010 São Paulo SP
contato@amanuense.com.br
www.amanuense.com.br

Ao vô Aldi,
eternamente

Abre as asas sobre mim
Ó, senhora liberdade

NEI LOPES
WILSON MOREIRA

SUMÁRIO

ÍNDICE DE ABREVIATURAS

ANPP	Acordo de não persecução penal
art., arts.	artigo, artigos
Cf., cf.	Confrontar, confrontar
CE	Código Eleitoral
CP	Código Penal
CPP	Código de Processo Penal
CNMP	Conselho Nacional do Ministério Público
ed.	edição
etc.	et cetera
op. cit.	obra citada
p. ex.	por exemplo
p.	página
pp.	páginas
ss.	seguintes
STJ	Superior Tribunal de Justiça
STF	Supremo Tribunal Federal
trad.	tradução
TSE	Tribunal Superior Eleitoral
vol.	volume

PREFÁCIO

Foi de muito bom grado que aceitei o convite para escrever o prefácio do presente livro, resultado de ampla pesquisa realizada pela autora em sua dissertação de mestrado, da qual tive a honra de compor a banca.

Em sua obra *ANPP no Direito Eleitoral*, Yasmin Brehmer Handar aborda, com autoridade, um tema extremamente relevante e atual, vez que a sua formação acadêmica e profissional a gabaritam para tanto. Com efeito, a autora é uma brilhante advogada criminalista, pós-graduada em Direito Eleitoral.

A justiça criminal negocial se pauta na celebração de acordo de colaboração processual entre acusação e defesa, no qual o Estado oferece incentivos ao acusado, como reduzir a sua pena ou, inclusive, perdoá-lo do crime imputado, para que ele facilite a atuação dos órgãos de investigação e acusação na persecução penal[1]. Essa vertente surge em um contexto de superlotação carcerária, sobrecarga de processos no Poder Judiciário e busca por um Direito Penal mais célere e eficiente.

No cenário internacional, o tema ganhou destaque com a Resolução 45/110 da Assembleia Geral das Nações Unidas. Segundo o referido diploma, conhecido como "Regras de Tóquio", os órgãos encarregados da justiça criminal do país podem deixar de processar criminalmente o infrator se considerarem desnecessário para a proteção da sociedade, prevenção do crime ou promoção do respeito pela lei e pelos direitos das vítimas[2].

---

1 DE VASCONCELLOS, Vinicius Gomes. Acordo de não persecução penal e a expansão da justiça criminal negocial: natureza, retroatividade e consequências ao descumprimento. *Boletim Revista dos Tribunais Online*, v. 27, p. 1-20, 2022, p. 1.

2 MASI, Carlo Velho. O acordo de não persecução penal como ferramenta político-criminal de despenalização dos crimes de médio potencial ofensivo. *Revista da Defensoria Pública do Estado do Rio Grande do Sul*, Porto Alegre, n. 26, p. 264–293, 2020, p. 266-267. Disponível em: https://revistadpers.emnuvens.com.br/defensoria/article/view/36. Acesso em: 16 abr. 2023.

No Brasil, existem diversos mecanismos negociais na justiça criminal. Nesse diapasão, é possível mencionar os institutos da composição civil dos danos, a transação penal e a suspensão condicional do processo, previstos pela Lei 9.099/1995, que dispõe sobre os Juizados Especiais Cíveis e Criminais, bem como a colaboração premiada, regulamentada pela Lei 12.850/2013, que versa sobre os crimes praticados no contexto das organizações criminosas[3]. Ademais, importante ressaltar o acordo de leniência que, apesar de transitar na seara do Direito Administrativo Sancionador, também possui reflexos na justiça penal negociada.

A modalidade mais recente desse gênero é o Acordo de Não Persecução Penal (ANPP), introduzido no ordenamento jurídico pátrio pela Lei 13.964/2019 (Pacote Anticrime), que acrescentou o art. 28-A ao Código de Processo Penal[4].

Em linhas gerais, o ANPP é um negócio jurídico extraprocessual, no qual o investigado confessa o crime a ele imputado e se compromete a cumprir as condições extrapenais estabelecidas pelo Ministério Público que, por sua vez, deixa de oferecer a denúncia. Esse acordo deve ser submetido à apreciação do juízo competente, que pode devolver os autos para que o *Parquet* reformule a proposta, caso considere as condições estipuladas inadequadas, insuficientes ou abusivas. Se as alterações necessárias não forem realizadas, o magistrado pode recusar a sua homologação, cabendo recurso em sentido estrito contra a referida decisão. Recusada a homologação, os autos são devolvidos para o Ministério Público oferecer a denúncia ou complementar as investigações[5].

Noutro plano, homologado o ANPP, cabe ao órgão ministerial fiscalizar o seu cumprimento perante o juízo da execu-

---

3 MASI, Carlo Velho. Op. cit., p. 267.

4 DO AMARAL, Thiago Bottino; ROCHA, Lucas Ramos Krause dos Santos. A exigência da confissão no acordo de não persecução penal sob a óptica da Análise Econômica do Direito. *Revista Brasileira de Ciências Criminais.* v. 30, n. 191, p. 261-284. São Paulo: Ed. RT, jul./ago. 2022, p. 262.

5 WERMUTH, Maiquel Ângelo Dezordi. Expansionismo e acordo de não persecução penal: garantias processuais em risco? Revista Brasileira de Ciências Criminais, v. 30, n. 191, p. 285-304, jul./ago. 2022, p. 289.

ção penal, que decretará a extinção da punibilidade do agente quando o acordo for cumprido integralmente. Em caso de descumprimento, o Ministério Público deve notificar o juízo, para que o acordo seja rescindido, possibilitando o posterior oferecimento da denúncia[6].

Mister consignar que tal instrumento não constitui um direito subjetivo do réu, mas sim um poder-dever do Ministério Público, a quem compete oferecer a proposta caso os requisitos estejam presentes[7]. Todavia, a vontade do órgão acusatório deve estar vinculada aos critérios previstos na lei, de modo que eventual recusa deve ser motivada e pode ser submetida à revisão por órgão superior do Ministério Público[8].

Nos termos do art. 28-A do CPP, o ANPP pode ser proposto pelo Ministério Público no caso de crimes com pena mínima inferior a quatro anos, desde que não seja caso de arquivamento da investigação preliminar, o investigado confesse formal e circunstancialmente a prática de infração penal sem violência ou grave ameaça e a medida seja necessária e suficiente para a reprovação e prevenção do delito. De outro vértice, o acordo não pode ser oferecido se (i) for cabível a transação penal; (ii) o investigado for reincidente; (iii) houver indícios de que o investigado pratica crimes de forma habitual, reiterada ou professional; (iv) o agente tiver sido beneficiado nos cinco anos anteriores à prática do crime pelos institutos da transação penal ou da suspensão condicional do processo; e (v) o crime tiver sido cometido no âmbito de violência doméstica ou familiar, ou praticado contra a mulher em razão da condição de sexo feminino.

Além dos requisitos legais mencionados, as seguintes condições devem ser impostas de maneira cumulativa ou alternativa: (i) reparação do dano ou restituição da coisa à vítima, se possível; (ii) renúncia voluntária a bens e direitos considerados como

---

6 MASI, Carlo Velho. Op. cit., p. 274-275.

7 DA SILVA, Marcelo Oliveira. O Acordo de Não Persecução Penal. *Revista da EMERJ*, Rio de Janeiro, v. 22, n. 3, p. 261-285, Setembro-Dezembro. 2020, p. 264.

8 DE VASCONCELLOS, Vinicius Gomes. Op. cit., p. 4.

instrumentos, produtos ou proveitos do crime; (iii) prestação de serviços à comunidade; (iv) pagamento de prestação pecuniária a entidade pública ou de interesse social indicada pelo juízo da execução; ou (v) cumprimento de outra condição indicada pelo Ministério Público, desde que proporcional e compatível com o delito imputado, por período determinado.

Devido à sua amplitude e subjetividade, este último inciso tem fomentado intensos debates, notadamente acerca da aplicação do instituto na seara do Direito Eleitoral[9]. Essa controvérsia é desenvolvida de forma muito instigante e profunda pela autora, que discorre sobre a aplicabilidade do ANPP aos crimes eleitorais, mapeando os 235 acordos que foram homologados pela Justiça Eleitoral desde a vigência do instituto, defende a impossibilidade de compartilhamento dos termos da confissão realizada em ANPP para embasar eventual condenação em ações eleitorais cíveis e examina a possibilidade de inserção de cláusula de inelegibilidade como condição para a celebração do acordo pelo Ministério Público.

A obra, portanto, em muito contribui para o debate e desenvolvimento do tema, que ainda deverá ser pacificado pelo Poder Judiciário.

Desejo a todos uma excelente leitura!

REYNALDO SOARES DA FONSECA
Professor e Ministro do Superior Tribunal de Justiça

---

9 BRANDÃO, Alessi. A inelegibilidade nos acordos de não persecução penal nos crimes eleitorais. *Conjur*, 26/2/2022. Disponível em: < https://www.conjur.com.br/2022-fev-26/alessi-brandao-inelegibilidade-anpps-crimes-eleitorais >. Acesso em 02/05/2023.

APRESENTAÇÃO

Costumo dizer que apresentar um livro é um ato de responsabilidade, uma vez que conta ao público sobre o conteúdo escrito com tanto afinco e dedicação, mas, ao mesmo tempo, é motivo de muita alegria e honra, especialmente quando o trabalho é fruto de uma dissertação de mestrado aprovada em uma instituição séria e exigente como o IDP – Instituto Brasileiro de Ensino, Desenvolvimento e Pesquisa.

Yasmin foi minha primeira orientanda no curso de Pós-Graduação *stricto sensu* (Mestrado Profissional) no IDP. Já nos conhecíamos da advocacia e dos eventos de Direito Eleitoral que costumamos participar há anos e, quando fui procurada para orientar o trabalho que deu origem a este livro, fiquei muito feliz em saber que ela queria fazer a interseção de duas matérias – Direito Eleitoral e processo penal – que são também minhas paixões. Conseguiu e se mostrou uma aluna dedicada, inquieta e interessada, o que, para mim, são características essenciais de uma pesquisadora.

O livro é dividido em três capítulos. O primeiro expõe sobre o panorama da justiça negocial do Brasil com a evolução histórica legislativa do ANPP até sua previsão no art. 28-A do CPP, além de análise sobre os requisitos para sua celebração, com ênfase na confissão, elemento essencial para o desenvolvimento do restante do trabalho.

O segundo capítulo tem como escopo defender o uso do instituto nos crimes eleitorais, mesmo com previsão de procedimento especial próprio previsto no Código Eleitoral, bem como ressaltar a atual relevância dos crimes eleitorais e conexos, especialmente após o julgamento do 4º AgReg no INQ 4435 pelo Supremo Tribunal Federal, que reconfirmou a competência da Justiça Eleitoral para os crimes conexos aos eleitorais.

O capítulo ainda traz duas questões que diferenciam o trabalho dos demais existentes no mercado atual: no item 2.2.1 a autora traz extensa pesquisa jurisprudencial sobre os acordos de não persecução penal realizados na Justiça Eleitoral e os analisa como fundamento para o próximo item (2.3), relacionado ao período eleitoral, a atuação do Ministério Público e os efeitos do uso e divulgação dos termos do acordo em outra seara punitiva.

Com firmeza a autora expõe, no item 2.3, sobre as paixões e a intensidade envolvidas no processo eleitoral, bem como sobre a utilização de processos judiciais de qualquer natureza, pelos adversários, nas propagandas eleitorais. E afirma, com razão, que "a competitividade inerente ao período, com efeito, desencadeia um cenário bastante propício para que eventuais acordos de não persecução penal firmados por candidatos se tornem uma espécie de munição política para ser explorada jurídica e midiaticamente por adversários".

Isto, por si só, já justifica a necessidade de discussão sobre os limites do uso dos termos, especialmente da confissão, em searas estranhas à criminal.

O trabalho se diferencia – e se mostra muito interessante – já neste segundo capítulo, uma vez que traz elementos de casos concretos e decisões judiciais sobre o tema, sem se afastar de uma análise doutrinária sobre o instituto. Mas vai além.

O último capítulo (3.1) resgata elementos dos capítulos anteriores como a análise sobre a confissão e demais requisitos do ANPP (capítulo 1) e os limites da atuação do Ministério Público (capítulo 2), por exemplo, para discorrer e debater o uso dos termos do acordo para fins eleitorais (propaganda, ações de investigação judiciais eleitorais e de impugnação de mandato eletivo) e a exploração do conteúdo por terceiros (legitimados ativos universais) além do MP.

Por sua vez, o item 3.2 analisa a confissão como possível prova para ações eleitorais punitivas não criminais. De acordo com a própria autora, trata-se de analisar se os termos da confissão podem ser "utilizados como elemento corroborador de provas produzidas nos respectivos autos penais (em caso de descumprimento ou não homologação do acordo), ou em processos que tramitem em outras searas do Direito, mas movidos pelos mesmos fatos". Para tanto, a autora se baseia não apenas na doutrina, mas também na pesquisa de casos e jurisprudência exposta no capítulo anterior, o que torna a leitura e a análise bastante interessante e atual.

Por fim, o item 3.3 avança e debate sobre a extensão do inciso V do art. 28-A do CPP, segundo o qual no âmbito do acordo pode constar "outra condição indicada pelo Ministério Público, desde que proporcional e compatível com a infração penal imputada". A autora, com base doutrinária sólida, expõe a discussão sobre a suspensão de direitos políticos e inelegibilidade, temas não afetos ao Direito Penal e Processo Penal, mas centrais no Direito Eleitoral.

Nos dias atuais, a interseção das áreas do Direito é uma realidade e vem ganhando ainda mais força. Conclusões da área penal refletem na improbidade administrativa, por exemplo, mas também na aplicação da Lei da Ficha Limpa. Não seria diferente pensar sobre os institutos de justiça negocial aplicados à legislação criminal especial mesmo quando há previsão, como ocorre com o Código Eleitoral, de procedimento próprio para investigação e processamento. Da mesma forma, é impossível dissociar questões jurídicas criminais de eventuais reflexos na área eleitoral e vice-versa. Que a leitura do Direito seja interdisciplinar, mas sempre baseada em premissas legais e teóricas para não se afastar do texto constitucional, tampouco desvirtuar do objetivo essencial dos institutos, tal como o ANPP.

E, neste rumo, esta obra congrega duas matérias atuais e de interesse da comunidade jurídica, fazendo-se de leitura obrigatória.

Parabenizo pela publicação e desejo uma boa leitura a todas e todos!

São Paulo, outono de 2023

DANYELLE GALVÃO
Advogada, Professora, Doutora em direito processual pela USP, juíza eleitoral substituta do Tribunal Regional Eleitoral de São Paulo (2023-2025)

INTRODUÇÃO

A inserção dos acordos de não persecução penal no ordenamento jurídico brasileiro representou, sem dúvidas, uma das mudanças mais importantes da última década no paradigma da persecução penal. O instituto foi inicialmente previsto pela Resolução 181/2017 do Conselho Nacional do Ministério Público, mas adquiriu contornos ainda mais relevantes quando da aprovação da Lei 13.964/2019 (conhecida como "Lei Anticrime"). É que foi a partir da inserção do art. 28-A[10] ao Código de Processo Penal, que o acordo de não persecução penal passou a ter força de lei.[11]

Para fins introdutórios, cabe definir o acordo de não persecução penal previsto no art. 28-A do CPP como aquele passível de ser firmado entre um acusado e o Ministério Público, desde que haja a confissão formal e circunstanciada do delito investigado, nos casos em que (i) a pena mínima for inferior a quatro anos, com incidência das causas de diminuição e aumento; (ii) a infração não tiver sido cometida com violência ou grave ameaça (tampouco no contexto de violência doméstica ou familiar); (iii) o jurisdicionado não seja reincidente, pratique delitos de modo habitual ou dotado de profissionalidade; (iv) o acusado não tenha sido beneficiado nos últimos cinco anos com transação penal, suspensão condicional do processo ou o próprio acordo de não persecução penal.[12]

---

10 Art. 28-A. Não sendo caso de arquivamento e tendo o investigado confessado formal e circunstancialmente a prática de infração penal sem violência ou grave ameaça e com pena mínima inferior a 4 (quatro) anos, o Ministério Público poderá propor acordo de não persecução penal, desde que necessário e suficiente para reprovação e prevenção do crime, mediante as seguintes condições ajustadas cumulativa e alternativamente: (Incluído pela Lei nº 13.964, de 2019).

11 VASCONCELLOS, Vinicius Gomes de; REIS, Dimas Antônio Gonçalves Fagundes. *Limites à utilização da confissão do imputado realizada como requisito ao acordo de não persecução penal.* Revista de Estudos Criminais, Porto Alegre, v. 20, n. 80, pp. 263-264.

12 Conceito baseado naquele também desenvolvido por Vinicius Gomes de Vasconcellos e Dimas Antônio Gonçalves Fagundes Reis. Idem. p. 264.

A implementação do instituto oriundo da justiça penal consensual (ou negocial, como será definido adiante) está demandando dos aplicadores do Direito uma verdadeira readequação dos paradigmas clássicos do processo penal acusatório[13] — modelo consagrado na Constituição Federal e, vale dizer, reforçado pela dicção principiológica esculpida no art. 3º-A do CPP (que também foi introduzido pela Lei 13.964/2019).[14]

Como todo novo instituto jurídico, a regulamentação do acordo de não persecução penal trouxe consigo uma gama imensa de problematizações de viés dogmático-crítico e tantos outros questionamentos de viés prático-processual — ambos amplificados por se tratar de um instituto que expande o espaço negocial no processo penal brasileiro.[15] Ou seja, aglutinaram-se as críticas dogmáticas e de política-criminal inerentes ao debate provocado pela justiça negocial, com as incertezas desencadeadas por um novo mecanismo que possui deslindes complexos.

Especificamente, à medida que a celebração de acordos de não persecução penal foi difundida pelo país, emergiram dúvidas sobre o alcance dos acordos em relação a condutas ilegais que refletem em outras searas jurídicas e administrativas;[16] sobre

---

13 Para um aprofundamento dos princípios que estruturariam esse novo paradigma negocial, ver: BARROS, Francisco Dirceu. *Princípios estruturantes do acordo de não persecução penal*. In: BARROS, Francisco Dirceu. Acordos de não persecução penal e cível. Salvador: Editora Juspodium, 2021. pp. 129-155.

14 "Apesar de o vigente Código de Processo Penal ainda conter resquícios do procedimento inquisitório, a Constituição de 1988 consagrou o modelo acusatório de processo penal, e o fez no art. 129, inciso I, que confere ao Ministério Público a titularidade para ação penal pública e para os procedimentos probatórios que lhe são acessórios ou contribuintes. O art. 3º-A do CPP, trazido pela Lei Anticrime de 2019, reforçou esse ambiente principiológico." Cf. ARAS, Vladimir. *Acordos penais no Brasil: uma análise à luz do direito comparado*. In: BARROS, Francisco Dirceu. Acordos de não persecução penal e cível. Salvador: Editora Juspodium, 2021. p. 62.

15 LOPES JR., Aury; JOSITA, Higyna. *Questões polêmicas do acordo de não persecução penal*. Revista Consultor Jurídico, 06 de março de 2020. Disponível em: <https://www.conjur.com.br/2020-mar-06/limite-penal-questoes-polemicas-acordo-nao-persecucao-penal>. Acesso em 01/02/2022.

16 Cf. MOURA, Maria Thereza Rocha de Assis; SAAD, Marta. *Acordo de não persecução penal: desafios já diagnosticados da reforma trazida pela Lei 13.964/2019*. In: SALGADO, Daniel de Resende; KIRCHER, Luis Felipe Schneider; DE QUEIROZ, Ronaldo Pinheiro. Justiça Consensual: acordos criminais, cíveis e administrativos. São Paulo: Editora JusPodivm, 2022. p. 406.

os potenciais efeitos da obrigatoriedade da confissão circunstanciada em casos de não homologação ou descumprimento do ANPP;[17] sobre a (im)possibilidade de compartilhamento ou divulgação dos termos do acordo;[18] sobre os limites e as balizas para atuação do Ministério Público;[19] sobre a amplitude das condições adicionais que podem ser inseridas pelo órgão acusador nos termos do acordo;[20] dentre tantos outros.

Essas incertezas conduzem ao tema do presente estudo: analisar a aplicabilidade e os efeitos do acordo de não persecução penal no âmbito do Direito Eleitoral e do Processo Eleitoral. Notadamente, o núcleo dessa análise repousará no instituto da confissão — que deve ser formal e circunstanciada no bojo do ANPP.

A repercussão de um acordo de não persecução penal anulado pelo crivo judicial por conter em suas condições o requisito de inelegibilidade do acusado pelo período de oito anos também instigou a pesquisa e o desenvolvimento do tema.[21] Nesse aspecto, o que se buscará responder é se o Ministério Público

---

[17] Cf. GUARAGNI, Fábio André. *Acordo de não persecução penal: os contornos da confissão exigida pelo art. 28-A do CPP*. In: Acordo de não persecução penal. DE BEM, Leonardo Schmitt; MARTINELLI, João Paulo (org.). Belo Horizonte: D'Plácido, 2020; VASCONCELLOS, Vinicius Gomes de; REIS, Dimas Antônio Gonçalves Fagundes. *Limites à utilização da confissão do imputado realizada como requisito ao acordo de não persecução penal.* Op cit. pp. 271 e ss.

[18] Cf. BARBUGIANI, Fernando Augusto Sormani; CILIÃO, Éllen Crissiane de Oliveira; BELMIRO, Thainá de Paula. *Aspectos polêmicos do acordo de não persecução penal (ANPP): Caráter negocial; limites à retroatividade; possibilidade de uso da confissão em caso de descumprimento; semelhanças e diferenças com a colaboração premiada.* In: CAMBI, Eduardo (org.). Ministério público contemporâneo e do futuro. Belo Horizonte, São Paulo: D'Plácido, 2021. pp. 393-420.

[19] Cf. GONTIJO, Maria Letícia Nascimento. *O acordo de não persecução penal como instrumento da justiça negocial penal — análise dos mecanismos de controle à vontade do Ministério Público.* Dissertação (Mestrado em Direito), Instituto Brasiliense de Direito Público, Escola de Direito e Administração Pública. Brasília. 2021.

[20] A preocupação está inserida no âmbito do inciso V do art. 28-A, CPP: V – cumprir, por prazo determinado, outra condição indicada pelo Ministério Público, desde que proporcional e compatível com a infração penal imputada. (Incluído pela Lei nº 13.964, de 2019). Cf. FILIPPETTO, Rogério. *Condições do acordo de não persecução penal (ANPP): lineamentos para confecção de cláusulas.* Boletim IBCCRIM. São Paulo, v. 29, n. 338, p. 25-28, jan. 2021.

[21] HIGÍDIO, José. *ANPP que propõe inelegibilidade de parlamentar é considerado ilegal.* Revista Consultor Jurídico, 27 de março de 2021. Disponível em: <https://www.conjur.com.br/2021-mar-27/anpp-propoe-inelegibilidade-parlamentar-considerado-ilegal>. Acesso em 20 de janeiro de 2022.

pode incluir nos termos do acordo condições que extrapolem o rol previsto no art. 28-A do CPP. Cabe destacar desde já que a inelegibilidade como condição para o acordo[22] ganha contornos ainda mais polêmicos, vez que se reveste de restrição ao exercício de um direito fundamental.[23]

A fim de aprimorar a conceituação dos institutos que serão explorados ao longo do estudo, um esclarecimento terminológico se faz necessário. A concepção de *justiça consensual* adotada no presente trabalho é aquela mais ampla, identificada, grosso modo, pela concordância das partes envolvidas em relação ao resultado do conflito penal.[24]

Esse modelo será dividido em submodelos consensuais:[25] o *reparador* (o mote é a reparação do dano causado pelo conflito); o *restaurativo* (o objetivo é a pacificação social); o *negocial* (acordo entre acusado e acusação sobre a sanção aplicada); e o *colaborativo* (no qual o acordo sobre a sanção depende da contribuição do acusado com a acusação).

Logo, quando o trabalho fizer menção ao termo "consensual", o fará com o objetivo de abranger um espectro amplo — na medida em que, quando usar termos advindos das subcategorias ("negocial" ou "colaborativo", sobretudo), estará se referindo a mecanismos mais específicos, guardadas as características de cada um.

Fixadas as premissas básicas, o trabalho restará dividido em três capítulos que serão desenvolvidos a partir da generalidade da justiça penal negocial e do acordo de não persecução penal

---

22 Cf. CARVALHO, Volgane Oliveira. *Da impossibilidade da fixação de inelegibilidade como condição em acordo de não persecução penal.* Boletim ABRADEP #2, Janeiro/2022. pp. 13-17; ARAÚJO, Raul Lustosa Bittencourt de. *Acordo de não persecução na Justiça Eleitoral: peculiaridades da aplicação no âmbito criminal e perspectivas para a implementação na seara cível.* (Trabalho de Conclusão do Curso de Direito) — Universidade Federal do Ceará, Fortaleza, 2020.

23 Sobre a condição de direito fundamental dos direitos políticos, ver: PAE KIM, Richard. *Fundamentalidade dos direitos políticos: elegibilidade e inelegibilidade.* In: Cadernos Jurídicos, São Paulo, ano 17, nº 42, janeiro-março/2016. pp.77-98.

24 ALVES, Jamil Chaim. *Justiça consensual e plea bargain.* In: BARROS, Francisco Dirceu. Acordos de não persecução penal e cível. Salvador: Editora Juspodium, 2021. p.186

25 Adotar-se-á a divisão proposta por Jamil Chaim Alves. Idem.

(Capítulo 1), passando pela aplicabilidade do instituto nos crimes eleitorais e conexos e pelas especificidades inerentes ao Direito Eleitoral (Capítulo 2). Será finalizado, assim, com a abordagem aprofundada das problemáticas próprias da confissão e da inelegibilidade no âmbito eleitoral (Capítulo 3).

Para proceder ao estudo do instituto do acordo de não persecução penal é preciso partir da premissa inevitável de que o modelo de justiça penal negocial está em franca expansão no Brasil.[26] Esse movimento, por sua vez, está diretamente conectado com a expansão dos limites do Direito Penal[27] e com a popularização de uma espécie de sentimento social que roga por mais eficiência, eficácia e agilidade do Direito Penal, na mesma proporção em que cresce a sensação (não necessariamente real) de insegurança e de impunidade.[28]

Esse contexto, na experiência brasileira, abriu os caminhos para a inserção cada vez mais alargada de mecanismos de natureza penal consensual no ordenamento jurídico — sendo que as leis voltadas ao panorama consensual não são fruto de acontecimentos isolados da história legislativa. Trata-se de escolhas político-criminais claras, conectadas com a produção legislativa.[29]

A rigor, é possível identificar traços de expansão legislativa na seara penal consensual, ao menos, desde os anos 1990.[30] As primeiras sinalizações sobre a incorporação desses mecanismos (e da nova lógica processual do consenso) remontam à Lei de Crimes Hediondos (Lei 8.072/1990), que previu causa de

---

26 VASCONCELLOS, Vinicius G. *Barganha e justiça criminal negocial: análise das tendências de expansão dos espaços de consenso no processo penal brasileiro.* 2. ed. Belo Horizonte: D'Plácido, 2018. pp. 23-24.

27 SILVA SÁNCHEZ, Jesús-María. *A expansão do Direito Penal: Aspectos da política criminal nas sociedades pós-industriais.* São Paulo: Editora Revista dos Tribunais, 2011. p.69.

28 *Idem.* p. 68-71.

29 Sobre o espaço da política-criminal na edição e aprovação de leis, consultar: FERREIRA, Carolina Costa. *A política criminal no processo legislativo.* Belo Horizonte: Editora D'Plácido, 2017. pp. 35 e ss.

30 ARAS, Vladimir. *Acordos penais no Brasil: uma análise à luz do direito comparado.* Op. cit. p. 60.

diminuição de pena para o *participante* ou *associado* que denunciasse à autoridade seu *bando* ou *quadrilha*.

As modificações seguiram com a Lei 9.080/1995 que previu a possibilidade de redução de um terço a dois terços da pena para o agente que confessasse espontaneamente a trama do delito; e com a Lei 9.034/1995, que tipificou os delitos referentes a organizações criminosas e dispôs sobre a possibilidade de composição em face da *colaboração espontânea do agente*.

Mas o grande marco da justiça consensual na década de 1990 foi a Lei 9.099/1995, que instituiu Juizados Especiais Criminais e trouxe pela primeira vez para dentro do ordenamento jurídico os princípios da oralidade, simplicidade, informalidade, economia processual e celeridade. A Lei dispôs sobre os institutos da transação penal, da suspensão condicional do processo e da composição dos danos civis, limitados às *infrações de menor potencial ofensivo*[31] e aplicados pela lógica processual do *procedimento sumaríssimo*, que abrevia o rito tradicional do processo penal.[32]

O estudo do desenvolvimento da justiça penal negocial brasileira no presente trabalho passará, por fim, pela edição da edição da Lei 12.850/2013 — responsável por regulamentar o instituto da colaboração premiada,[33] que, por anos, adquiriu o protagonismo do debate que envolve a justiça penal negocial.

Após traçar o panorama do histórico legislativo em torno dos mecanismos consensuais existentes no Brasil, será o momento de investigar os fundamentos e os contornos específicos[34] do acordo de não persecução penal instituído primeiro pela Resolução 181/2017 do CNMP e, depois, pela Lei 13.964/2019 (que inseriu

---

31 Englobam as contravenções penais e os crimes com pena máxima não superior a dois anos.

32 Para o estudo da justiça penal consensual, a principal inovação trazida pelo procedimento sumaríssimo foi o protagonismo atribuído à fase preliminar do processo, voltada àqueles mecanismos que buscam o consenso. Cf. LOPES JR., Aury. *Direito processual penal*. 16. ed. São Paulo: Saraiva, 2019. pp. 783-786.

33 Cf. BOTTINI, Pierpaolo Cruz; MOURA, Maria Thereza de Assis. Colaboração Premiada. São Paulo: Editora Revista dos Tribunais, 2017. pp. 185-186.

34 Cf. CABRAL, Rodrigo Leite Ferreira. *Manual do acordo de não persecução penal — à luz da Lei 13.964/2019 (Pacote Anticrime)*. Salvador: Juspodivm, 2020. pp. 83 e ss.

o art. 28-A[35] ao Código de Processo Penal). Sobretudo no que diz respeito à "Lei Anticrime", haverá uma incursão acerca das tensões políticas e da real pretensão político-criminal existente no desenvolvimento da legislação processual penal.

Uma etapa importante desse processo consistirá em diferenciar o acordo de não persecução penal do instituto do *plea bargaining* — originalmente previsto no chamado "Pacote Anticrime" e entendido como instrumento processual em que o acusado renuncia ao seu direito a julgamento em troca de um benefício.[36] A autonomia para negociação contida no *plea bargaining* — à exemplo da experiência estadunidense — é muito mais ampla que no ANPP brasileiro.[37]

Ainda, serão feitas incursões sobre a natureza jurídica do instituto e da decisão que o homologa e, sobretudo, acerca da natureza das condições impostas por força da pactuação do acordo, resguardando-se a premissa de que "os acordos de que tratam o art. 28-A do CPP e o art. 18 da Resolução CNMP 181/2017 não são penais, já que não impõem pena. Não havendo acusação criminal nem processo penal, não há nem pode haver pena".[38]

Após delinear os requisitos e conceitos que integram a esfera do acordo de não persecução penal, além de destacar as diferenças entre o modelo elaborado pelo Conselho Nacional do Ministério Público e o modelo introduzido pela "Lei Anticrime", será possível estudar com maior profundidade o requisito subjetivo do ANPP que possui maior relevância para esse

---

35 Art. 28-A. Não sendo caso de arquivamento e tendo o investigado confessado formal e circunstancialmente a prática de infração penal sem violência ou grave ameaça e com pena mínima inferior a 4 (quatro) anos, o Ministério Público poderá propor acordo de não persecução penal, desde que necessário e suficiente para reprovação e prevenção do crime, mediante as seguintes condições ajustadas cumulativa e alternativamente: (Incluído pela Lei nº 13.964, de 2019).

36 Cf: VASCONCELLOS, Vinicius G. *Barganha e justiça criminal negocial*: análise das tendências de expansão dos espaços de consenso no processo penal brasileiro. Op. cit. pp.64 e ss.

37 Cf. COUTINHO, Jacinto Nelson de Miranda. *Plea bargaining no processo anticrime: crônica de um desastre anunciado.* Boletim IBCCRIM, v. 27, n. 317. São Paulo: IBCCRIM, abr. 2019

38 ARAS, Vladimir. *Acordos penais no Brasil: uma análise à luz do direito comparado.* Op. cit. p. 60.

trabalho: a confissão formal e circunstanciada, prevista no *caput* do art. 28-A, CPP.

Ao tratar sobre a obrigatoriedade da confissão, a análise perpassará pela construção e pela importância do instituto no processo penal acusatório,[39] pela (im)prescindibilidade do requisito no âmbito do acordo de não persecução penal e introduzirá as problemáticas iniciais sobre a utilização da confissão nos casos de eventual não homologação ou descumprimento do ANPP.

As conclusões preliminares alcançadas no primeiro capítulo do trabalho possibilitarão que se adentre na análise interseccional entre a justiça penal negocial e o Direito Eleitoral.

No segundo capítulo será analisada a relação da Justiça Eleitoral brasileira com os métodos de composição e negociação — a partir de uma leitura dos preceitos constitucionais e dos princípios norteadores do Direito Eleitoral. A análise também passará por um levantamento sobre a utilização, no âmbito eleitoral, de mecanismos consensuais já postos no ordenamento jurídico (em especial a transação penal[40] e a colaboração premiada[41]).

Enquanto a utilização dos mecanismos despenalizadores da Lei 9.099/1995, no Direito Penal Eleitoral, está intimamente conectada com a aplicação dos tipos penais eleitorais compreendidos como tradicionais (quase todos de menor potencial ofensivo e muitos deles obsoletos), as discussões que circundam a colaboração premiada dizem respeito à recente mudança de paradigma jurisprudencial que toca a competência para julgamento

---

39 Cf. BACH, Marion. *O instituto da confissão e a (atual) compreensão pelos tribunais brasileiros.* In. DE FARIAS, Alexandre Ramalho; DAS NEVES, Alexandre Cavalli; GONÇALVES, Guilherme Henrique. Sistema penal no estado democrático de direito: estudos em homenagem aos 30 anos de docência do professor Luiz Renato Skroch Andretta. São Paulo: Tirant lo Blanch, 2021. pp. 129-143.

40 Cf. MAGALHÃES, Kelsen de França. *Aplicabilidade das leis 9.099/95 e 10.259/2001 aos crimes eleitorais.* In: FUX, Luiz; PEREIRA, Luiz Fernando Casagrande; AGRA, Walber de Moura (Coord.); PECCININ, Luiz Eduardo (Org.). Tratado de Direito Eleitoral, v.8: Direito Penal e Processo Penal Eleitoral. Belo Horizonte: Fórum, 2018. pp. 119-146.

41 RIBEIRO, Carlos Vinícius Alves. *Acordos na Justiça Eleitoral: negócios jurídicos eleitorais.* Belo Horizonte: Fórum, 2020.

dos crimes conexos aos eleitorais.[42] Essa mudança levou para o âmbito da Justiça Eleitoral a persecução de crimes mais graves e investigações, via de regra, mais complexas.

A continuidade do capítulo abordará especificamente a aplicabilidade do acordo de não persecução penal aos crimes eleitorais e conexos, sob o pano de fundo da crescente importância legislativa que vem sendo atribuída ao Direito Penal Eleitoral[43] — na esteira do que indica o Projeto de Lei do Novo Código Eleitoral,[44] que "sugere uma radical e bem-vinda alteração dos paradigmas do Direito Penal Eleitoral".[45]

É o momento em que, para além da identificação da mudança do papel do Direito Penal Eleitoral, serão delimitados o rito para oferecimento do acordo, as competências, as atribuições do Ministério Público Eleitoral etc. A fim de delimitar um panorama concreto sobre o estado da arte da utilização do ANPP nos crimes eleitorais, o capítulo traz um levantamento de todos os acordos homologados pela Justiça Eleitoral até 15 de março de 2023 (dentro dos parâmetros de pesquisa e publicidade descritos no item 2.2.1).

Essa análise será procedida pela abordagem que se relaciona com as peculiaridades inerentes à pactuação ou negociação de um acordo de não persecução penal durante o pleito eleitoral. Aqui, merecerá especial atenção o papel desempenhado pelo Ministério Público (se adstrito à sua missão constitucional democrática ou protagonista de uma persecução em desfavor dos quais acreditam não serem merecedores da disputa eleitoral),

---

42 Refere-se à decisão do STF na questão de ordem no Inquérito nº 4.435/DF, de 2019, em que a Corte reconheceu a competência da Justiça Eleitoral para julgar os crimes comuns conexos aos delitos eleitorais.

43 Conforme apontam Fernando Neisser e Pierpaolo Bottini. Cf. NEISSER, Fernando; BOTTINI, Pierpaolo. *A hora do Direito Penal Eleitoral*. Poder360, 29 de agosto de 2021. Disponível em: <https://www.poder360.com.br/opiniao/a-hora-do-direito-penal-eleitoral-escrevem-pierpaolo-bottini-e-fernando-neisser/>. Acesso em 30/01/2022.

44 Projeto de Lei Complementar 112/21, em trâmite perante o Senado Federal. Consulta de tramitação em: <https://www.camara.leg.br/proposicoesWeb/fichadetramitacao?idProposicao=2292163>. Acesso em 29/01/2022.

45 NEISSER, Fernando; BOTTINI, Pierpaolo. *A hora do Direito Penal Eleitoral*. Op. cit.

bem como os mecanismos disponíveis para regular e limitar a atuação do órgão acusador quando constatados excessos.[46]

O terceiro capítulo do trabalho se destinará às conclusões e proposições voltadas ao mote do estudo, qual seja os reflexos eleitorais possivelmente desencadeados por uma confissão feita em acordo de não persecução penal. Tratar-se-á, no ponto, das possibilidades de compartilhamento formal, de vazamento de informações e de descumprimento dos termos do acordo.

As principais problemáticas que derivam do tema, conforme será demonstrado, decorrem da multiplicidade de ações de natureza cível-eleitoral (ações não-criminais, como serão abordadas no capítulo). Essas ações, ainda, contam com um rol deveras extenso de legitimados ativados — os quais, a depender do nível de sigilo dos termos no ANPP — poderão dispor da confissão contida no acordo para motivar o ajuizamento de ações de investigação judicial eleitoral e de cassação de mandato eletivo, a título de exemplo.

Finalmente, o trabalho se voltará para a discussão referente à possibilidade de o órgão acusador estabelecer condição de inelegibilidade ao jurisdicionado (ainda que por tempo determinado e em delitos que se amoldem à Lei 64/1990) como requisito para celebração do acordo de não persecução penal.[47] As conclusões alcançadas considerarão a fundamentalidade dos direitos políticos no texto constitucional,[48] a disponibilidade para negociar direitos fundamentais, bem como a natureza *não penal* da pactuação do ANPP e das condições por ele estabelecidas.[49]

---

[46] Cf. GONTIJO, Maria Letícia Nascimento. *O acordo de não persecução penal como instrumento da justiça negocial penal — análise dos mecanismos de controle à vontade do Ministério Público*. Op. cit.

[47] CARVALHO, Volgane Oliveira. Da impossibilidade da fixação de inelegibilidade como condição em acordo de não persecução penal. Op. cit. pp. 13-17.

[48] PAE KIM, Richard. *Fundamentalidade dos direitos políticos: elegibilidade e inelegibilidade*. Op. cit. p. 77-79.

[49] ARAS, Vladimir. *Acordos penais no Brasil: uma análise à luz do direito comparado*. Op. cit. p. 64.

1

O acordo de não persecução penal no ordenamento jurídico brasileiro

A análise dos acordos de não persecução penal na experiência brasileira passa, necessariamente, por uma investigação sobre a introdução do instituto no ordenamento jurídico — associada a um momento de expansão da própria justiça penal negocial, no Brasil e no mundo. Esse modelo, importante que se delimite desde já, é aquele pautado por um acordo consensual entre acusação e defesa, que acaba por impor a supressão parcial ou integral de fases do processo, "fundamentalmente com o objetivo de facilitar a imposição de uma sanção penal com algum percentual de redução, o que caracteriza o benefício ao imputado em razão da renúncia ao devido transcorrer do processo penal com todas as garantias a ele inerentes."[50]

A referida expansão do modelo penal negocial — nas democracias ocidentais, em geral, e no microcosmo brasileiro, em específico — está intimamente conectada com a expansão do próprio Direito Penal. A constatação parece ser doutrinariamente unânime entre os elogiosos e críticos da justiça negocial,[51] dentre

---

50 VASCONCELLOS, Vinicius G. *Barganha e justiça criminal negocial: análise das tendências de expansão dos espaços de consenso no processo penal brasileiro.* Op cit. p. 50

51 Dentre os entusiastas, destaca-se: CABRAL, Rodrigo Leite Ferreira. *Manual do acordo de não*

os quais se destaca a associação feita por Jesús-María Silva Sánchez, sobre o anseio popular por maior eficácia do Direito Penal e a percepção de que os valores penais clássicos se colocariam como obstáculo para essa pretendida "gestão eficiente":

> Uns e outros se interpretam como obstáculos, como problemas em si mesmos, que se opõem a uma gestão eficiente das questões de segurança. Assim, desde a presunção de inocência e o princípio de culpabilidade, assim como as regras do devido processo e a jurisdicionalidade, passando pela totalidade dos conceitos da teoria do delito, os princípios do Direito Penal em conjunto são contemplados como sutilezas que se opõem a uma solução real dos problemas.

Diante do modelo de justiça penal clássico surgem, assim, modelos de *justiça negociada*, nos quais a verdade e a justiça ocupam, quando muito, um segundo plano. A penetração da ideia de justiça negociada é muito profunda e tem manifestações muito diversas, nem sempre coincidindo seus partidários.[52]

Devido à delimitação proposta pelo presente estudo, não cabe, aqui, aprofundar as críticas estruturais a este modelo negocial,

---

persecução penal — à luz da Lei 13.964/2019 (Pacote Anticrime). Salvador: Juspodivm, 2020; GUARAGNI, Fabio André. *Acordo de não persecução penal: Os contornos da confissão exigida pelo art. 28-A do CPP.* In. DE BEM, Leonardo Schmitt e MARTINELLI, João Paulo (Orgs.). Acordo de não persecução penal. Belo Horizonte. D' Plácido, 2020. MENDONÇA, Andrey Borges; CAMARGO, Fernão Pompeo; RONCADA, Katia H. M. *Acordo de não persecução penal e a justiça restaurativa. Mais um passo no caminho da transformação social.* In: Paulo Gustavo Gonet Branco, Manoel Jorge e Silva Neto, Helena Mercês Claret da Mota, Cristina Rasia Montenegro, Carlos Vinícius Alves Ribeiro (org.) Direitos Fundamentais em Processo. Estudos em comemoração aos 20 anos da Escola Superior do Ministério Público da União. Brasília: ESMPU, 2020Entre as obras críticas, destaca-se: SCHÜNEMANN, Bernd. *Cuestiones básicas de la estructura y reforma del procedimiento penal bajo una perspectiva global.* Revista de Derecho Penal y Criminología, v. 25, n. 76, p. 175-197, 2004; SCHÜNEMANN, Bernd. Um olhar crítico ao modelo processual penal norte-americano. In: SCHÜNEMANN, Bernd; GRECO, Luís (Coord.). *Estudos de Direito Penal, direito processual penal e filosofia do direito.* São Paulo: Marcial Pons, 2013. p. 240-261; COUTINHO, Jacinto Nelson de Miranda. *Plea bargaining no processo anticrime: crônica de um desastre anunciado.* Boletim IBCCRIM, v. 27, n. 317. São Paulo: IBCCRIM, abr. 2019. HASSEMER, Winfried. *Desenvolvimento previsíveis na dogmática do Direito Penal e na Política Criminal.* Porto Alegre: Revista Eletrônica de Direitos Humanos e Política Criminal. n. 2, abril/2008.

52 SILVA SÁNCHEZ, Jesús-María. *A expansão do Direito Penal: Aspectos da política criminal nas sociedades pós-industriais.* Op cit. p.69

sobretudo considerando sua consolidação (em um contexto que parece ser a médio prazo irreversível) no ordenamento jurídico brasileiro. Por outro lado, o aprofundamento sobre a consolidação e expansão, enquanto opções de política criminal e desde os primeiros institutos que trouxeram o debate do consenso ao Direito Penal, trará importantes contribuições ao trabalho.

Situar a justiça penal negocial no desenvolvimento legislativo brasileiro é um passo essencial para, depois disso, perquirir efetivamente sobre o instituto do acordo de não persecução penal e suas especificidades, requisitos e justificações, regidos pela edição da Lei 13.964/2019, que inseriu o art. 28-A no Código de Processo Penal.

Em especial, o capítulo pretende investigar o requisito subjetivo da confissão, como elemento intrínseco para a celebração do acordo — desde seus fundamentos, até as principais críticas doutrinárias que desnudam os reflexos morais, jurídicos e pragmáticos da confissão.

1.1 Sobre a justiça penal consensual no Brasil

A incorporação de institutos oriundos da justiça penal consensual ao ordenamento jurídico brasileiro representa uma verdadeira escolha de política criminal — compreendida como o programa de princípios e regras por meio do qual o Estado define as condutas criminosas e estabelece os meios para sua prevenção e repressão.[53] Nesse contexto, a edição legislativa de novas normas penais (sobretudo no que Hassemer convencionou chamar de Moderno Direito Penal[54]) configura o elemento determinante para a obtenção de um "clima político-criminal"

---

[53] Conforme definição que pode ser atribuída a René Ariel Dotti em: DOTTI, René Ariel. *A crise do sistema penal.* São Paulo: Revista dos Tribunais, v. 88, n. 768, out. 1999.

[54] HASSEMER, Winfried. *Desenvolvimento previsíveis na dogmática do Direito Penal e na Política Criminal.* Porto Alegre: Revista Eletrônica de Direitos Humanos e Política Criminal. n. 2, abril/2008. p.5

de proteção e de apoio aos anseios da população, que passou a depositar no Direito Penal as frustações e angústias inerentes à sociedade globalizada.[55]

Compreender o papel nuclear que a política criminal ocupa no macrocosmo do Direito Penal[56] é fundamental para situar na experiência brasileira a relação indissociável que Claus Roxin propôs entre esta e o desenvolvimento da dogmática penal e da própria concretização das finalidades do Direito Penal.[57] Significa dizer, antes de mais nada, que as opções legislativas de inserção de mecanismos inerentes à justiça penal consensual (e, mais especificamente, negocial) no ordenamento brasileiro — a um só tempo — refletem e estimulam os ideais de celeridade e eficiência, quase sempre acompanhados pela percepção de que os fundamentos e premissas clássicos do Direito Penal não são suficientes para suprir os novos anseios sociais.[58]

O conceito de justiça consensual — enquanto concepção ampla identificada, sobretudo, pela concordância das partes envolvidas em relação ao resultado do conflito penal[59] — é dividido pela doutrina em grupos mais específicos de submodelos, que costumam variar de autor para autor, dada a pluralidade de institutos inerentes ao âmbito da justiça consensual.

---

55 Concluiu HASSEMER: "*Sem um 'clima' de proteção e de apoio o moderno Direito Penal não pode se manifestar de forma tão poderosa, equilibrada e tranquila. Este clima favorece o Direito Penal como instrumento efetivo na assimilação dos modernos problemas, desde a destruição do meio ambiente e o abuso do sistema social até à dependência de drogas. Em face dos grandes e tormentosos problemas sociais, no atual discurso político o Direito Penal vige não mais como última, senão como prima ou até mesmo sola ratio.*" Idem. p. 5.

56 Numa abordagem que resgata resumidamente a evolução do papel atribuído à política criminal, está a obra de Rodrigo Leite Ferreira Cabral, sobretudo às pps. 86-90. CABRAL, Rodrigo Leite Ferreira. *Manual do acordo de não persecução penal — à luz da Lei 13.964/2019 (Pacote Anticrime).* Salvador: Juspodivm, 2020.

57 ROXIN, Claus. *Política criminal e sistema jurídico-penal.* Trad. de Luís Greco. Rio de Janeiro: Renovar, 2002.

58 AIRES, Murilo Thomas; FERNANDES, Fernando Andrade. *A colaboração premiada como instrumento de política criminal: a tensão em relação às garantias fundamentais do réu colaborador.* Revista Brasileira de Direito Processual Penal, v. 3, n. 1, p. 253-284, jan./abr. 2017, pp. 257-259.

59 ALVES, Jamil Chaim. *Justiça consensual e plea bargain.* In: BARROS, Francisco Dirceu. Acordos de não persecução penal e cível. Salvador: Editora Juspodium, 2021. p.186.

Voltando-se para o objetivo principal desse tópico (que é a análise do desenvolvimento dos institutos da justiça penal consensual no Brasil), entende-se que uma divisão bastante precisa foi proposta por Jamil Chaim Alves, ao identificar os seguintes submodelos consensuais: o *reparador* (em que o mote é a reparação do dano causado pelo conflito); o *restaurativo* (o objetivo é a pacificação social, com foco também na vítima); o *negocial* (pressupõe um acordo entre acusado e acusação sobre a sanção a ser aplicada); e o *colaborativo* (em que o acordo sobre a sanção depende da contribuição do acusado com a acusação).[60]

A partir desse panorama, fica possível reconhecer a existência de uma tradição legislativa brasileira no âmbito penal consensual, ao menos desde os anos 1990[61] — quando os debates que circundavam a dogmática penal passaram a ser transpostos à legislação, em uma clara mensagem de política criminal.

Os primeiros sinais concretos sobre a incorporação de mecanismos do sistema consensual ao Direito Penal pátrio remontam à edição da Lei de Crimes Hediondos (Lei 8.072/1990),[62] que previu, em seu art. 8º, parágrafo único, causa de diminuição de pena para o *participante* ou *associado* que denunciasse à autoridade seu *bando* ou *quadrilha*.[63]

---

60 Idem. p. 186.

61 ARAS, Vladimir. *Acordos penais no Brasil: uma análise à luz do direito comparado.* In: BARROS, Francisco Dirceu. Acordos de não persecução penal e cível. Salvador: Editora Juspodium, 2021. p. 60.

62 Antes disso, dois projetos de lei buscaram, sem sucesso, instituir mecanismos de justiça penal consensual no Brasil: o anteprojeto de Código de Processo Penal de 1981 (que continha em seu texto instituto semelhante à transação penal) e o Projeto de Lei 1655 de 1983 (que propunha a extinção do processo sem julgamento de mérito em caso do pagamento de multa pelo réu). In: VASCONCELLOS, Vinicius G. *Barganha e justiça criminal negocial*: análise das tendências de expansão dos espaços de consenso no processo penal brasileiro, Op. cit., pp. 99-100; GERBER, Daniel; DORNELLES, Marcelo Lemos. *Juizados Especiais Criminais. Lei 9.099/95.* Comentários e críticas ao modelo consensual penal. Porto Alegre: Livraria do Advogado, 2006.

63 *Lei 8.072/90, Artigo 8º (...) Parágrafo único. O participante e o associado que denunciar à autoridade o bando ou quadrilha, possibilitando seu desmantelamento, terá a pena reduzida de um a dois terços.* Disponível em: <http://www.planalto.gov.br/ccivil_03/leis/l8072.htm>. Acesso em 13/01/2022.

O espaço de negociação era, inicialmente, bastante restrito: fazia-se necessário que a contribuição "possibilitasse o desmantelamento" do grupo denunciado, e o benefício consistia na redução de um a dois terços da pena.[64] Nesse primeiro momento, o dispositivo se limitava a exigir que o colaborador denunciasse os demais agentes do *bando* ou *quadrilha* — sem mencionar explicitamente o requisito da confissão, mas se valendo de *mens legis* que parecia já estar voltada a esse fim.[65]

Em 1995, alterações legislativas ampliaram o rol de crimes que poderiam ser objeto de composição. A Lei 9.080/1995 alterou a Lei 8.137/1990, que passou a prever a possibilidade de redução de um terço a dois terços da pena para o coautor ou partícipe que confessasse espontaneamente "toda a trama delituosa".[66] Esse diploma legal menciona de maneira explícita o requisito da confissão como pressuposto obrigatório para obtenção da redução da pena,[67] além de expandir os mecanismos colaborativos aos delitos previstos na Lei 7.492/1986 (Crimes contra o Sistema Financeiro Nacional).[68]

Ainda em 1995, editou-se a Lei 9.034/1995, cuja pretensão foi tipificar os delitos referentes a organizações criminosas e regulamentar sua repressão. Embora tenha sido integralmente revogada pela atual Lei 12.850/2013, a redação original da Lei das Organizações Criminosas já dispunha, no art. 6º, sobre a possibilidade de composição. Em troca da "colaboração espontânea

---

64 FRANCO, Alberto Silva. *Crimes Hediondos.* 6ª ed. São Paulo: Ed RT, 2007, pp. 148-149.

65 Ibid. p. 149.

66 Art. 16 da Lei 8.137/1990, na redação dada pela Lei 9.080/1995: *Art. 16. Qualquer pessoa poderá provocar a iniciativa do Ministério Público nos crimes descritos nesta lei, fornecendo-lhe por escrito informações sobre o fato e a autoria, bem como indicando o tempo, o lugar e os elementos de convicção.*
Parágrafo único. Nos crimes previstos nesta Lei, cometidos em quadrilha ou coautoria, o coautor ou partícipe que através de confissão espontânea revelar à autoridade policial ou judicial toda a trama delituosa terá a sua pena reduzida de um a dois terços. Disponível em: <http://www.planalto.gov.br/ccivil_03/leis/l8137.htm>. Acesso em 13/01/2022.

67 BALTAZAR JUNIOR, José Paulo. *Crimes Federais.* 11ª ed. São Paulo: Saraiva, 2017, p. 837.

68 ALVES, Jamil Chaim. *Justiça consensual e plea bargain.* In: BARROS, Francisco Dirceu. Acordos de não persecução penal e cível. Salvador: Editora Juspodium, 2021. p.187.

do agente" hábil a "levar ao esclarecimento de infrações penais e sua autoria", seria oferecida a redução da pena.[69]

Com efeito, não foram apenas os mecanismos enquadráveis no *submodelo colaborativo* da justiça penal consensual (conforme classificação explorada no início do tópico) que se desenvolveram legislativamente na década de 1990.

O maior exemplo disso foi a edição da Lei 9.099/1995, que instituiu no sistema normativo brasileiro os Juizados Especiais Criminais, por meio do acréscimo do art. 98, inciso I, à Constituição Federal.[70] No que mais interessa para esse estudo, a Lei dos Juizados Especiais incorporou aos processos de sua competência os critérios da oralidade, simplicidade, informalidade, economia processual e celeridade[71] — que, como visto, são contornos principiológicos inerentes à lógica da justiça consensual. Mais do que isso, passa-se a ter um marco fundamental dos submodelos reparador, restaurativo e negocial (todos englobados pela justiça penal consensual) na realidade brasileira.

O referido diploma legal regulamentou três novos institutos penais no ordenamento jurídico: a transação penal, a suspensão condicional do processo e a composição dos danos civis, limitados às *infrações de menor potencial ofensivo* — que englobam as contravenções penais e os crimes com pena máxima não superior a dois anos.[72] A aplicação desses institutos consensuais dá-se,

---

69 Art. 6º. Nos crimes praticados em organização criminosa, a pena será reduzida de um a dois terços, quando a colaboração espontânea do agente levar ao esclarecimento de infrações penais e sua autoria.

70 Art. 98. A União, no Distrito Federal e nos Territórios, e os Estados criarão: I – juizados especiais, providos por juízes togados, ou togados e leigos, competentes para a conciliação, o julgamento e a execução de causas cíveis de menor complexidade e infrações penais de menor potencial ofensivo, mediante os procedimentos oral e sumaríssimo, permitidos, nas hipóteses previstas em lei, a transação e o julgamento de recursos por turmas de juízes de primeiro grau.

71 O fez expressamente, em seu art. 62: O processo perante o Juizado Especial orientar-se-á pelos critérios da oralidade, simplicidade, informalidade, economia processual e celeridade, objetivando, sempre que possível, a reparação dos danos sofridos pela vítima e a aplicação de pena não privativa de liberdade. (Redação dada pela Lei nº 13.603, de 2018).

72 Antes da reforma promovida pela Lei 11.313/2006, a atração da competência do Juizado Especial Criminal limitava-se aos crimes cuja pena máxima era inferior a um ano. Para uma abordagem completa: TOURINHO FILHO, Fernando da Costa. *Comentários à Lei dos Juizados Especiais*

ademais, numa também nova lógica processual — a do *procedimento sumaríssimo*, que (como a própria denominação antecipa) abrevia o rito tradicional do processo penal.[73]

No que toca o estudo da justiça penal consensual, a principal inovação trazida pelo *procedimento sumaríssimo* foi o protagonismo atribuído à fase preliminar do processo, voltada justamente àqueles mecanismos que buscam o consenso — como identificou Aury Lopes Jr.[74] Ou seja, o processo apenas tem início caso restem frustradas as tentativas de reparação civil do dano e de transação penal. Uma síntese bastante clara desse rito, para futura contextualização dos institutos, foi elaborada por Vinicius Gomes de Vasconcellos:

> (...) em resumo, o procedimento para julgamento se inicia com a fase preliminar, em que a autoridade policial lavra termo circunstanciado (já que é dispensado o inquérito policial) e encaminha o autor do fato e a vítima ao juizado (ou firma o compromisso de comparecimento). Posteriormente é designada audiência preliminar, momento em que, conforme o caso, se intenta a composição civil dos danos e a transação penal. Se mal sucedidas, possibilita-se o oferecimento da acusação e agenda-se uma data para audiência de instrução e julgamento, ato em que serão produzidas provas e julgado o caso. Entretanto, no início dessa segunda audiência, após o recebimento da exordial acusatória pelo juiz, autoriza-se, se presentes seus pressupostos, a proposta de suspensão condicional do processo.[75]

O primeiro instituto da justiça consensual colocado à disposição das partes no âmbito do rito sumaríssimo é a composição civil dos danos, que precisa ser oportunizada ainda no início da

---

Criminais. 8 ed. São Paulo: Saraiva, 2011. Em especial, pp. 57-87.

73 O rito completo do procedimento sumaríssimo foi sintetizado por Aury Lopes Jr. In: LOPES JR., Aury. *Direito processual penal*. 16. ed. São Paulo: Saraiva, 2019. pp. 783-786.

74 Essa é precisamente a conclusão alcançada por Aury Lopes Jr.: "O rito sumaríssimo necessariamente pressupõe a fase preliminar, na qual se esgotaram os mecanismos que buscam o consenso. Inexitosas todas as tentativas [de solução consensual] anteriormente explicadas". Ibid. p. 783.

75 VASCONCELLOS, Vinicius G. *Barganha e justiça criminal negocial*, cit., pp. 101-102.

audiência preliminar — nos termos do art.72 da Lei 9.099/1995.[76] Trata-se de mecanismo que atende à pretensão indenizatória da vítima, no qual o acordo com o imputado busca reparar os danos decorrentes do delito, desencadeando a extinção da punibilidade pela renúncia do direito de queixa ou representação no caso dos delitos de ação penal privada ou pública condicionada à representação.[77] Em se tratando de ação penal pública incondicionada, todavia, o Ministério Público não fica automaticamente obstado de dar seguimento à sua atuação — seja para o oferecimento da denúncia[78] ou de proposta de transação penal.

A transação penal, enquanto segundo instituto consensual disposto no rito sumaríssimo, é o "mecanismo com maiores semelhanças à *plea bargaining* estadunidense e, em termos genéricos, aos distintos procedimentos abreviados latino-americanos ou europeus".[79] E, justamente por isso, ganha especial relevância para o estudo dos acordos de não persecução penal proposto no presente capítulo.

A transação penal consiste na oferta feita pelo Ministério Público de uma pena antecipada ao acusado (de multa ou restritiva de direitos), que — caso aceita — desencadeará o arquivamento do feito antes da apresentação de denúncia.[80] Nos termos do art. 76 da Lei 9.099/1995, a transação penal deve ser proposta apenas quando não se está diante de hipótese de arquivamento do feito,[81] devendo, ainda, obedecer aos requisitos previstos no

---

76 Art. 72. Na audiência preliminar, presente o representante do Ministério Público, o autor do fato e a vítima e, se possível, o responsável civil, acompanhados por seus advogados, o Juiz esclarecerá sobre a possibilidade da composição dos danos e da aceitação da proposta de aplicação imediata de pena não privativa de liberdade.

77 Conforme entende Aury Lopes Jr, em LOPES JR., Aury. *Direito processual penal*, cit. pp. 757-758.

78 Para Nereu Giamolli, vale destacar, é possível que a composição civil figure como causa especial de diminuição da pena, no momento da dosimetria. GIACOMOLLI, Nereu José. *Juizados Especiais Criminais. Lei 9.099/95.* Porto Alegre: Livraria do Advogado, 2009. p. 99-100.

79 VASCONCELLOS, Vinicius G. *Barganha e justiça criminal negocial*, cit., pp. 104.

80 LOPES JR., Aury. *Direito processual penal*, cit. p. 759.

81 "Importante afirmar, ainda, que a transação penal não é uma alternativa ao pedido de arquivamento, senão um instituto que somente terá aplicação quando houver *fumus comissi delicti* e o preenchimento das demais condições da ação processual penal." Ibid. p. 760.

§2º do dispositivo.[82] Em suma, o autor da infração não pode ter sido condenado por sentença definitiva à prática de crime com pena privativa de liberdade, ou ter firmado transação penal nos cinco anos anteriores. Além disso, as circunstâncias do delito e a conduta social do acusado também influenciam no oferecimento da transação penal.

Interessante destacar que, tal como ocorre no âmbito de estudo dos acordos de não persecução penal, há importante debate doutrinário sobre a obrigatoriedade de oferecimento da transação penal, por parte do Ministério Público, quando preenchidos todos os requisitos previstos pela Lei. A corrente predominante — com a qual esse trabalho está alinhado — interpreta a transação penal como verdadeiro direito subjetivo do acusado, estando a discricionariedade do promotor do caso limitada à espécie e ao *quantum* de pena contida na proposta.[83]

A concepção da transação penal como direito subjetivo do réu e a consequente redução da margem de discricionaridade do Ministério Público, no entanto, não parecem se colocar como obstáculos para o enquadramento do instituto como mecanismo da justiça consensual — em específico, na subcategoria negocial. Isso porque a essência da justiça penal negocial reside muito mais na concordância do acusado com a renúncia à sua tradicional posição de resistência à aplicação de determinada sanção, do que nas prerrogativas conferidas ao acusador (no caso, o Ministério Público).[84]

---

82 Art. 76, § 2º Não se admitirá a proposta se ficar comprovado: I – ter sido o autor da infração condenado, pela prática de crime, à pena privativa de liberdade, por sentença definitiva; II – ter sido o agente beneficiado anteriormente, no prazo de cinco anos, pela aplicação de pena restritiva ou multa, nos termos deste artigo; III – não indicarem os antecedentes, a conduta social e a personalidade do agente, bem como os motivos e as circunstâncias, ser necessária e suficiente a adoção da medida.

83 Nesse sentido: PACELLI DE OLIVEIRA, Eugênio. *Curso de Processo Penal*. São Paulo: Atlas, 2017; KARAM, Maria Lúcia. *Juizados Especiais Criminais. A concretização antecipada do poder de punir*. São Paulo: Editora RT, 2004; GRINOVER, Ada Pellegrini; FERNANDES, Antonio; GOMES FILHO, Antonio; GOMES, Luiz. *Juizados Especiais Criminais. Comentários à Lei 9.099, de 26/09/1995*. São Paulo: Editora RT, 2005; LOPES JR., Aury. *Direito processual penal*, cit; GIACOMOLLI, Nereu José. *Juizados Especiais Criminais. Lei 9.099/95*, cit.

84 Conclusão muito semelhante alcançou Vinicius Gomes de Vasconcellos. A esse fundamento, o autor adiciona mais um: "tal característica não é afastada ao se determinar o oferecimento

Nas hipóteses em que não firmada (ou incabível) a transação penal, a Lei dos Juizados Especiais traz, ainda, um último instituto de natureza consensual: a suspensão condicional do processo. Trata-se de previsão contida no art. 89 da Lei 9.099/1995,[85] segundo a qual — nos delitos em que a pena mínima cominada for igual ou inferior a um ano — o Ministério Público pode propor a suspensão do processo (por dois a quatro anos) no momento do oferecimento da denúncia. Para ter direito de usufruir do instituto, o réu não pode ter sido condenado por outro crime, ou estar sendo processado no momento do oferecimento da suspensão.

Caso aceite a proposta de suspensão condicional do processo, o acusado fica sujeito ao cumprimento de algumas obrigações estabelecidas pelo Juiz da causa, em específico:[86] a necessidade de reparar o dano causado pelo delito, sempre que possível; a proibição de frequentar determinados lugares e de se ausentar da comarca onde reside sem autorização do juiz; além do comparecimento mensal em juízo para informar suas atividades. Ainda podem ser fixadas outras condições subordinadas à suspensão (desde que adequadas ao caso) de acordo com o entendimento do juiz. Passado o período de prova, e cumpridos todos os termos da suspensão, o processo é extinto — "como se

---

da proposta como dever do acusador, se presentes os requisitos legais, visto que sua vontade (caracterizando a ideia tradicional de acordo) pode (mais do que isso, precisa necessariamente) ser vinculada à Lei, em prol do princípio da legalidade que deve determinar a postura dos agentes públicos, especialmente na esfera criminal." VASCONCELLOS, Vinicius G. *Barganha e justiça criminal negocial*, cit., pp. 107-108.

85 Art. 89. Nos crimes em que a pena mínima cominada for igual ou inferior a um ano, abrangidas ou não por esta Lei, o Ministério Público, ao oferecer a denúncia, poderá propor a suspensão do processo, por dois a quatro anos, desde que o acusado não esteja sendo processado ou não tenha sido condenado por outro crime, presentes os demais requisitos que autorizariam a suspensão condicional da pena (art. 77 do Código Penal).

86 § 1º Aceita a proposta pelo acusado e seu defensor, na presença do Juiz, este, recebendo a denúncia, poderá suspender o processo, submetendo o acusado a período de prova, sob as seguintes condições: I – reparação do dano, salvo impossibilidade de fazê-lo; II – proibição de frequentar determinados lugares; III – proibição de ausentar-se da comarca onde reside, sem autorização do Juiz; IV – comparecimento pessoal e obrigatório a juízo, mensalmente, para informar e justificar suas atividades. § 2º O Juiz poderá especificar outras condições a que fica subordinada a suspensão, desde que adequadas ao fato e à situação pessoal do acusado.

nunca houvesse existido (não gerando, portanto, reincidência ou maus antecedentes)".[87]

Feita a apresentação dos institutos introduzidos no ordenamento jurídico pela Lei 9.099/1995, fica mais do que evidente a significativa expansão dos espaços consensuais trazida pela introdução dos Juizados Especiais Criminais. Apesar de, como visto, não se tratar dos primeiros mecanismos de consenso incorporados ao Direito Penal brasileiro, a Lei 9.099/1995 foi a primeira a sistematizar a *ratio* do consenso, incluindo-a nos próprios critérios que orientam os processos de sua competência.[88] Outra característica marcante dessa Lei consiste na desnecessidade de admissão de culpa (ou confissão) para que o acusado usufrua dos mecanismos consensuais — adotando, a rigor, a lógica do *nolo contendere* (quando o acusado não admite sua culpabilidade, mas concorda em renunciar ao processo penal).[89]

Entre o final da década de 1990 e o início da década de 2000, é possível localizar outras importantes contribuições legislativas que reforçaram a expansão do Direito Penal consensual no Brasil: a Lei de Lavagem de Capitais (Lei 9.613/1998), que instituiu em seu art. 1º, §5º,[90] a redução da pena mediante colaboração do acu-

---

87 A posição adotada por Aury Lopes Jr. é também a da doutrinária majoritária (*v.g.* GIACOMOLLI, Nereu José. *Juizados Especiais Criminais. Lei 9.099/95*, cit p. 200; GRINOVER, Ada Pellegrini; FERNANDES, Antonio; GOMES FILHO, Antonio; GOMES, Luiz. *Juizados Especiais Criminais*, cit p. 368-369). Lopes Jr. ainda conclui: "a sentença que suspende o processo não implica admissão de culpa por parte do réu, tendo natureza de *nolo contendere*, que consiste numa forma de defesa em que o acusado não contesta a imputação, mas não admite culpa nem proclama sua inocência". LOPES JR., Aury. *Direito processual penal*, cit. p. 768.

88 Art. 2º O processo orientar-se-á pelos critérios da oralidade, simplicidade, informalidade, economia processual e celeridade, buscando, sempre que possível, a conciliação ou a transação.

89 KIRCHER, Luis Felipe Schneider. *Justiça Penal Negocial e Verdade: há algum tipo de conciliação possível?* In: SALGADO, Daniel de Resende; KIRCHER, Luis Felipe Schneider; DE QUEIROZ, Ronaldo Pinheiro. Justiça Consensual: acordos criminais, cíveis e administrativos. São Paulo: Editora JusPodivm, 2022. p. 75. Ainda, para uma incursão no conceito de *nolo contedere*, consultar GÓMES COLOMER, Juan-Luís; ESPARZA LEIBAR, Inaki; PÉREZ CEBADERA, María Ángeles. *Introdución al Proceso Penal Federal de los Estados Unidos de Norteamerica.* Gomes Colomer (org.). Valencia: Tirant lo blanch, 2013. pp. 270 e ss.

90 Art. 1º, § 5º. A pena será reduzida de um a dois terços e começará a ser cumprida em regime aberto, podendo o juiz deixar de aplicá-la ou substituí-la por pena restritiva de direitos, se o autor, coautor ou partícipe colaborar espontaneamente com as autoridades, prestando esclarecimentos que conduzam à apuração das infrações penais e de sua autoria ou à localização dos

sado (um esboço do que posteriormente seria consagrado como a colaboração premiada); e a Lei de Drogas (Lei 11.343/2006) que prevê, no art. 41, a mitigação da pena do acusado que se voluntariar a contribuir com a investigação.[91]

Já pela perspectiva das pessoas jurídicas, a Lei do CADE (Lei 12.529/2011) e a Lei Anticorrupção (Lei 12.846/2013), ao regulamentarem, ambas, o instituto do acordo de leniência, também ampliaram o espaço de consensual-negocial no ordenamento jurídico. Trata-se de instituto bastante semelhante ao da colaboração premiada — sendo não raro definido pela doutrina como uma "espécie de delação premiada".[92]

Por meio do art. 16 da Lei 12.846/2013, estabeleceu-se como requisito para firmar acordo de leniência a colaboração efetiva da pessoa jurídica com as investigações e o processo administrativo, desde que, além da identificação dos envolvidos na infração e da prestação de informações e documentos úteis ao deslinde do processo, a empresa beneficiada fosse "a primeira a se manifestar sobre seu interesse em cooperar", num aceno sutil, mas inequívoco, à teoria dos jogos.[93]

Finalmente, o último grande marco no movimento de expansão da justiça consensual (antes da incorporação do acordo de não persecução penal ao Código de Processo Penal) foi a edição da Lei 12.850/2013 — que organizou e regulamentou o instituto da colaboração premiada.[94] Trata-se de conceito complexo

---

bens, direitos ou valores objeto do crime. (Redação original). Disponível em: <https:/www2//camara.leg.br/legin/fed/lei/1998/lei-9613-3-marco-1998-372359-publicacaooriginal-1-pl.html> Acesso em 22/01/2022.

91 ALVES, Jamil Chaim. *Justiça consensual e plea bargain.* Op cit. p.188.

92 MARTINEZ, Ana Paula. *Parâmetros de negociação de acordo de leniência com o MPF à luz da experiência do CADE.* In: BOTTINI, Pierpaolo Cruz; MOURA, Maria Thereza de Assis. Colaboração Premiada. São Paulo: Editora Revista dos Tribunais, 2017. p. 33.

93 ROSA, Alexandre Morais da. *Para entender a delação premiada pela teoria dos jogos: táticas e estratégias do negócio jurídico.* 2ª ed — Florianópolis: Emais, 2019, pp. 76-81. Ainda: "a teoria dos jogos, que ganhou notoriedade nas décadas de 1940 e 1950, está ligada ao desenvolvimento de modelos matemáticos sobre a estratégia para a tomada de decisões por parte de agentes racionais." MARTINEZ, Ana Paula. *Parâmetros de negociação de acordo de leniência com o MPF à luz da experiência do CADE.* Op cit. p. 34.

94 Antes disso, afirma Pierpaolo Cruz Bottini que "prevista em leis esparsas, não existiam regras

que não será exaurido no presente trabalho em razão de suas limitações temáticas. Em linhas gerais, a colaboração premiada pode ser definida como um meio de obtenção de provas caracterizado por um acordo de cooperação do acusado na produção probatória.[95] Como contrapartida, garante ao colaborador um prêmio, com a "diminuição de até 2/3, ou substituição da pena privativa de liberdade por penas restritivas de direito, ou até mesmo perdão judicial".[96]

Parte da doutrina localiza a consolidação do instituto da colaboração premiada na segunda dimensão da justiça penal negocial, voltada à resolução de conflitos penais complexos e marcada pela investida dos órgãos estatais de controle contra práticas que costumam ser identificadas como "corrupção sistêmica":

> As possibilidades de realização de acordos no âmbito da justiça criminal parecem numa segunda dimensão, quando há uma visível ruptura no modelo tradicional, acarretando sua verticalidade. O Estado que atuava na contenção da criminalidade clássica, conhecida por ser praticada por pessoas vulneráveis, aumenta as formas de controle em outros setores sociais, alcançando a criminalidade empresarial e econômica, perpetrada, mais das vezes, nos âmbitos das estruturas das pessoas jurídicas.[97]

---

claras sobre o procedimento da colaboração, os agentes participantes, limites e outros aspectos importantes. A ausência de normas precisas e a falta de experiência dos agentes públicos levaram à nulidade de muitas investigações fundadas em colaborações premiadas. A insegurança jurídica tornava arriscado o uso do instrumento de investigação. A Lei 12.850/2013 organizou e regulamentou de forma mais segura o instituto. Fixou normas sobre benefícios, prazos, intervenientes, sigilo e outros aspectos, conferindo contornos tangíveis à colaboração." BOTTINI, Pierpaolo Cruz. *A homologação e a sentença na colaboração premiada na ótica do STF.* In: BOTTINI, Pierpaolo Cruz; MOURA, Maria Thereza de Assis. Colaboração Premiada. São Paulo: Editora Revista dos Tribunais, 2017. pp. 185-186.

95 VASCONCELLOS, Vinicius Gomes de. *Colaboração premiada no processo penal.* São Paulo: Revista dos Tribunais, 2017. p. 62-63.

96 FENELON, Bernardo. *A colaboração premiada unilateral.* São Paulo: Editora Dialética, 2022. p. 41.

97 WUNDERLICH, Alexandre. *Colaboração premiada: o direito à impugnação de cláusulas e decisões judiciais atinentes aos acordos.* In: BOTTINI, Pierpaolo Cruz; MOURA, Maria Thereza de Assis. Colaboração Premiada. São Paulo: Editora Revista dos Tribunais, 2017. p. 21.

Parece inegável, portanto, que a regulamentação da colaboração premiada ocorreu num contexto (quiçá como jamais antes visto no Brasil) de forte expansão penal para persecução da criminalidade econômica, marcada por um claro objetivo de condenação do maior número de agentes,[98] bem como de facilitar a imposição da sanção penal.[99]

Nesse sentido, a introdução do acordo de não persecução penal no ordenamento jurídico brasileiro — primeiro pelas Resoluções CNMP nº 181/2017 e 183/2018, e depois pela edição da Lei 13.964/2019 — apesar de possuir deslindes político-criminais específicos, está igualmente inserida no já descrito contexto de expansão do Direito Penal, bem como dos espaços negociais que refletem o anseio (social e estatal) por mais agilidade e eficiência na persecução de ilícitos.

1.2 O modelo de acordo de não persecução penal brasileiro: das discussões embrionárias ao art. 28-A do Código de Processo Penal

Muito embora a Lei 13.964/2019 tenha inserido no Código de Processo Penal, precisamente no art. 28-A, novo instituto do Direito Penal consensual intitulado de acordo de não persecução penal (ANPP), ela não inovou em absoluto o arcabouço jurídico brasileiro. Isso porque a Resolução 181/2017 do Conselho Nacional do Ministério Público (depois alterada pela Resolução 183/2018 do mesmo colegiado) já havia previsto a aplicação do ANPP no sistema penal brasileiro.[100]

Quando da edição das referidas resoluções pelo CNMP, o debate em torno da regulamentação foi intenso: não apenas pelo

---

98 SANTOS, Marcos Paulo Dutra. *Colaboração (delação) Premiada.* — Salvador: JusPodium, 2016, p. 29.

99 VASCONCELLOS, Vinicius Gomes de. *Colaboração premiada no processo penal. Op cit.* p. 50.

100 CABRAL, Rodrigo Leite Ferreira. *Manual do acordo de não persecução penal — à luz da Lei 13.964/2019 (Pacote Anticrime).* Salvador: Juspodivm, 2020. p. 40.

instituto do ANPP, mas sobretudo pela (in)constitucionalidade da inserção de novo mecanismo de justiça negocial por meio de resoluções elaboradas pelo Conselho Nacional do Ministério Público, sem intervenção legislativa.[101]

Apesar da edição da Lei 13.964/2019 ter aparentemente superado os debates sobre a inconstitucionalidade formal da anterior regulamentação do acordo de não persecução penal, é importante que seja feita uma breve incursão nos motivos e nas influências que levaram o CNMP a instituir o ANPP na persecução penal brasileira, a despeito de — até aquele momento — inexistir pronunciamento legislativo sobre o tema.

De acordo com Rodrigo Cabral, a implementação do acordo de não persecução penal pelo CNMP se amparou em duas bases principais: na percepção de que o sistema penal brasileiro vinha se deteriorando (com aumento da impunidade e da falta de credibilidade);[102] e na experiência adotada por outros países de tradição democrática de *civil law* que instituíram mecanismos semelhantes, também sem autorização legal (como é o caso da França e da Alemanha).[103]

---

101 ANDRADE, Mauro Fonseca; BRANDALISE, Rodrigo da Silva. *Resolução 181 do CNMP — art. 18º*. In: Investigação criminal pelo Ministério Público: comentários à Resolução 181 do Conselho Nacional do Ministério Público. FISCHER, Douglas; ANDRADE, Mauro Fonseca. Porto Alegre: Livraria do Advogado, 2017. pp. 211-214. Além dos posicionamentos dogmáticos, foram ajuizadas duas ações diretas de inconstitucionalidade contra a inserção do ANPP por meio da Resolução (ADI 5.790/DF, ajuizada pela Associação de Magistrados Brasileiros — AMB, e ADI 5.793/DF, ajuizada pela Ordem dos Advogados do Brasil — OAB). Ambas sem decisão de mérito até o momento da consulta ao andamento processual dos feitos. Disponível em: <https://redir.stf.jus.br/paginadorpub/paginador.jsp?docTP=TP&docID=725187187&prcl. Acesso em 03/04/2023.

102 Nas palavras do autor: "A situação do Sistema Penal brasileiro vinha se deteriorando. A impunidade e a falta de credibilidade vinham (e vêm) acarretando uma série de movimentos em nosso tecido social, que são altamente nocivos e que, uma vez instalados, acarretam extrema dificuldade para a recuperação da normalidade. Nesse sentido, basta observar os preocupantes movimentos de milícias, de grupos de extermínio e de justiceiros que vêm se espalhando, com uma força cada vez maior em nossa sociedade" CABRAL, Rodrigo Leite Ferreira. *Manual do acordo de não persecução penal — à luz da Lei 13.964/2019 (Pacote Anticrime)*. Op. cit. p. 41.

103 "Na França, as primeiras experiências de soluções alternativas para os casos penais surgem não da lei, mas sim da iniciativa pessoal de juízes e promotores de justiça, que se conscientizaram da incapacidade da Justiça Penal de lidar com a grande carga de trabalho decorrente

Essas bases legitimaram a escolha político-criminal (estruturada unilateralmente pelo Conselho Nacional do Ministério Público, há de se reforçar) de adoção do acordo de não persecução penal como ferramenta capaz de proporcionar os objetivos "preventivos e de pretensão de justiça que devem informar a persecução penal".[104] A incorporação do ANPP, por essa perspectiva, traria benefícios à população em geral — pelo suposto reforço à credibilidade e efetividade do sistema — e aos réus, que se deparariam com um sistema mais célere, no qual os juízes e promotores teriam contato direto com todos os casos de sua responsabilidade.[105]

Assim, chegou-se à Resolução 181/2017 do Conselho Nacional do Ministério Público, que dispôs sobre a "instauração e tramitação do procedimento investigatório criminal a cargo do Ministério Público".[106] O art. 18 da Resolução previu que, nos delitos cometidos sem violência ou grave ameaça (e não sendo o caso de arquivamento), o Ministério Público poderia propor ao investigado a celebração de ANPP, mediante confissão formal e detalhada da prática do delito — com indicação de provas. O dispositivo ainda instituiu diversos requisitos acessórios para

---

da persecução pena da delinquência de menor importância. (...) Em virtude dessa prática, inicialmente heterogênea, é que surgiu, pela primeira vez, um processo de institucionalização dos acordos penais na França, por meio da Nota de Orientação do Ministério da Justiça, de 03 de junho de 1992." Idem., pp. 43-44. Já no que tange à Alemanha, Jenia Turner — em tradução de Rodrigo Leite Ferreira Cabral — sintetiza que o acordo penal foi introduzido "pela prática dos atores processuais, como resposta ao aumento do número de casos complexos no sistema de justiça criminal (...). Considerando que a legislação não autorizava esses acordos, essa prática se desenvolveu de forma lenta e, inicialmente, se limitava aos casos de delitos sem violência." TURNER, Jenia. *Plea Bargaining Across Borders: Criminal Procedure.* New York: Aspen Publishers, 2009. p. 74.

104 CABRAL, Rodrigo Leite Ferreira. *Manual do acordo de não persecução penal — à luz da Lei 13.964/2019 (Pacote Anticrime).* Op. cit. p. 52.

105 Idem. pp. 52-54.

106 Resolução CNMP 181/2017. Disponível em: <https://www.cnmp.mp.br/portal/images/Resolucoes/Resoluo-181-1.pdf>. Acesso em 15/01/2022. De acordo com Vladimir Aras, "a Resolução CNMP 181/2017 regula o procedimento de investigação criminal (PIC) do Ministério Público brasileiro, uma atividade não jurisdicional, não judiciária, de cunho administrativo, necessária à elucidação de infrações penais. ARAS, Vladimir. *Acordos penais no Brasil: uma análise à luz do direito comparado.* In: BARROS. Op. cit. p.61

a pactuação, sendo que — na primeira redação elaborada pelo CNMP — não havia a previsão de qualquer pena mínima a fim de limitar a aplicação do instituto.

A limitação quanto à aplicabilidade do ANPP, embora não estivesse relacionada diretamente à pena aplicada ao delito, estava adstrita aos seguintes requisitos mínimos: o crime imputado ao acusado deveria ter sido praticado sem violência ou grave ameaça; a lesão provocada deveria ser inferior a 20 salários mínimos;[107] o acusado precisava ser primário e com bons antecedentes; havia obrigação de confissão formal e detalhada da pratica do delito, com indicação de eventuais provas de seu cometimento; sempre que possível, era necessária a reparação do dano ou restituição da coisa à vítima; fixação de cumprimento de prestação de serviços à comunidade ou multa, correspondente a parte do que o acusado cumpriria caso fosse condenado; e apenas quando a conduta social e a personalidade do agente, assim como os motivos e as circunstâncias do crime, indicassem que o acordo seria uma resposta suficiente ao delito.[108]

No ano seguinte, a redação do dispositivo sofreu significativa alteração com a edição da Resolução 183/2018. A principal mudança provocada pela nova resolução foi a limitação objetiva da aplicabilidade do acordo de não persecução penal aos crimes que possuam pena mínima inferior a quatro anos, com a ressalva de que — para a aferição da pena mínima cominada ao delito — seriam consideradas as causas de aumento e diminuição aplicáveis ao caso concreto.[109]

---

107 Previsão que impactava diretamente na aplicabilidade do ANPP aos crimes cometidos contra a Administração Pública, nos termos observados por Heloísa Rocha. ROCHA, Heloisa R. *Considerações sobre os acordos de não persecução penal (ANPP) firmados após o pacote anticrime*. Revista Jus Navigandi, Teresina, ano 25, 12 maio 2020. Disponível em: <https://jus.com.br/artigos/81719>. Acesso em 16/01/2022.

108 CABRAL, Rodrigo Leite Ferreira. *O acordo de não-persecução penal criado pela nova Resolução do CNMP*. Revista Consultor Jurídico, 18 de setembro de 2017. Disponível em: <https://www.conjur.com.br/2017-set-18/rodrigo-cabral-acordo-nao-persecucao-penal-criado-cnmp>. Acesso em 16/01/2022.

109 Conforme redação do art. 18, caput e §13º da Resolução CNMP 181/2017 — com as alterações promovidas pela Resolução CNMP 183/2018. Disponível em: <https://www.cnmp.mp.br/portal/images/Resolucoes/Resoluo-181-1.pdf >. Acesso em 15/01/2022.

Apesar de inexistir um levantamento unificado acerca do número de acordos de não persecução penal firmados com amparo nas resoluções do Conselho Nacional do Ministério Público, é seguro afirmar que o instituto foi largamente utilizado desde a sua regulamentação — não parecendo ter encontrado significativa resistência jurisprudencial. A título de exemplo, de 11 de maio de 2018 até 23 de janeiro de 2020 (início da vigência da Lei 13.964/2019) o Ministério Público Federal firmou 1.182 acordos de não persecução penal, sendo 1.053 pactuados durante a fase investigatória e 129 ao longo do trâmite da ação penal.[110]

O instituto do acordo de não persecução penal e os debates doutrinários dele decorrentes adquiriram uma projeção de ainda mais destaque quando da aprovação da Lei 13.964/2019 (conhecida como Lei Anticrime) pelo Congresso Nacional, em dezembro de 2019.[111] A lei teve origem no chamado "Pacote Anticrime", apresentado pelo ex-Juiz e ex-Ministro da Justiça Sergio Moro em fevereiro daquele ano.

O "Pacote Anticrime" pode ser inserido, de acordo com Antonio Eduardo Ramires Santoro, como um movimento de reforma processual penal que se apresenta no sentido de "recrudescer a intervenção do sistema penal na liberdade do cidadão",[112] o que ocorreria — dentre outras linhas — por meio da "ampliação dos instrumentos de justiça penal negocial, com aplicação imediata de pena sem exercício do direito de defesa e do contraditório".[113]

---

110 Os estados que mais firmaram ANPPs foram Paraná e São Paulo e os crimes mais comuns foram contrabando, descaminho, estelionato majorado, uso de documento falso e utilização de moeda falsa. Dados retirados do levantamento interno realizado pelo Ministério Público Federal. Disponível em: <http://www.mpf.mp.br/atuacao-tematica/ccr2/publicacoes/apresentacoes/apresentacao_sobre_anpp_atualizada_15-10.pdf/view>. Acesso em 17/01/2022.

111 Tramitação do Projeto de Lei 10.372/2018 (que originou a Lei 13.964/2019) disponível em: <https://www.camara.leg.br/proposicoesWeb/fichadetramitacao?idProposicao=2178170>. Acesso em 20/01/2022.

112 SANTORO, Antonio Eduardo Ramires. *A conformação ideológica dos movimentos de reforma processual penal no Brasil.* In: LEMOS, Bruno Espiñeira; GONÇALVES, Carlos Eduardo; QUINTIERE, Víctor Minervino. Comentários críticos às principais reformas penais brasileiras. Belo Horizonte: Editora D'Plácido, 2019. p. 81.

113 Idem. p. 83. Ressalva-se, aqui, a posição de autor de denominar as condições do acordo de não persecução penal como "pena" — premissa com a qual o presente trabalho não concorda.

Isso, sob o pano de fundo do desenho processual penal dos maxi-processos.[114] Conclui o autor:

> Dessa forma, está clara a conformação ideológica punitivista dos mais recentes movimentos de reforma processual penal no Brasil. As linhas gerais de reforma incrementam as características dos desenhos processuais de exceção existentes na prática do direito processual penal brasileiro.[115]

Feita essa reflexão crítica sobre as intenções político-criminais existentes em cada reforma processual, fato é que o pacote que previa originalmente a regulamentação do *plea bargaining*[116] no Brasil, e não do ANPP.[117]

Embora possua pontos de contato com o acordo de não persecução penal, os institutos do *plea bargaining* e do ANPP não se confundem. Com origem no sistema anglo-saxão, o *plea bargaining* é o núcleo fundamental do sistema processual penal

---

114 "Assim, com inspiração nas lições de Ferrajoli, é possível traçar as mais importantes características dos maxiprocessos: (1) cobertura midiática massiva; (2) gigantismo processual; (3) a confusão processual; (4) a mutação substancial do modelo clássico de legalidade penal; (5) o incremento da utilização dos meios investigação ou obtenção de prova." Idem. p. 87.

115 Idem. p. 88.

116 O Pacto Anticrime trouxe em seu texto a denominação do instituto como *plea bargain*. Entende-se, no entanto, que a denominação mais precisa é *plea bargaining*, na esteira da explicação de Jacinto Nelson Miranda Coutinho: "Antes de tudo, há de se questionar por que a matéria foi apresentada como *plea bargain* e não *plea bargaining*. Deve haver, por evidente, uma diferença; e se não houvesse, haver-se-ia de dizer, mesmo porque nem todo mundo é *expert* na língua inglesa. Os dicionários dizem que sim; que há diferença. E ela sugere que falar em *plea bargain*, a par de ser, na hipótese brasileira, uma demonstração de desconhecimento, pode ser uma tentativa de reduzir a discussão sobre o tema, concentrando-o tão só no *acordo* que se estabelece; ou *deal*; ou *contract*; ou *agreement*. *Plea bargaining*, por evidente, é muito mais e, envolvendo toda a negociação para se chegar ao acordo e suas consequências, *dá conta das pessoas, do objeto e dos trâmites*, naquilo que são *seus fundamentos e os fundamentos dos seus fundamentos*." COUTINHO, Jacinto Nelson de Miranda. *Plea bargaining no projeto anticrime: crônica de um desastre anunciado*. Boletim IBCCRIM, v. 27, n. 317. São Paulo: IBCCRIM, abr. 2019. Disponível em: <https://arquivo.ibccrim.org.br/boletim_artigo/6311-Plea-bargaining-no-projeto-anticrime-cronica-de-um-desastre-anunciado>. Acesso em 20/01/2021.

117 O instituto do *plea bargain*, proposto pelo então ministro da Justiça Sergio Moro foi rejeitado pelo grupo de trabalho da Câmara dos Deputados sobre legislação penal e processual, responsável pela análise de projetos do chamado "pacote anticrime". A decisão foi por oito votos a três. Por outro lado, as mudanças no acordo de não persecução penal foram propostas pelo Ministro Alexandre de Moraes, do Supremo Tribunal Federal. Disponível em <https://www.conjur.com.br/2019-ago-07/proposta-plea-bargain-moro-retirada-pacote-anticrime>. Acesso em 18/01/2022.

estadunidense e consiste, em reduzida síntese, num instrumento processual por meio do qual o acusado abre mão do seu direito a julgamento em troca de um benefício (que, em regra, consiste em uma redução na acusação).[118] O espectro de possibilidades e de autonomia para negociação contido no *plea bargaining* — tomando como exemplo a experiência dos Estados Unidos — é muito mais amplo que aquele disponível no ANPP brasileiro.

Voltando ao tema principal do tópico, fato é que a Lei Anticrime introduziu modificações na legislação penal e processual penal, sob a justificativa de "aperfeiçoar o combate ao crime organizado, aos delitos de tráfico de drogas, tráfico de armas e milícia privada, aos crimes cometidos com violência ou grave ameaça e crimes hediondos, bem como para agilizar e modernizar a investigação criminal e a persecução penal."[119] Ao todo, modificou dois decretos e sete leis de natureza penal vigentes no Brasil.[120]

Dentre as modificações desencadeadas pela da Lei 13.964/2019, constou a introdução do art. 28-A do Código de Processo Penal, responsável pela primeira regulamentação legal do acordo de não persecução penal. A redação aprovada possui considerável proximidade com a previsão do ANPP contida nas Resoluções 181/2017 e 183/2018 outrora aprovadas pelo Conselho Nacional do Ministério Público — contendo muitos trechos de redação idêntica àquela disciplinada pelo CNMP.

As alterações mais importantes trazidas pela Lei 13.964/2019 no que toca ao ANPP são: alteração da autoridade que indica o local de cumprimento de serviços à comunidade e de prestação pecuniária (passou a ser o juiz da execução em detrimento do Ministério Público); exclusão da limitação do dano causado

---

[118] Para uma análise mais detalhada do instituto, ver: VASCONCELLOS, Vinicius G. *Barganha e justiça criminal negocial*: análise das tendências de expansão dos espaços de consenso no processo penal brasileiro. Op. cit. pp.64 e ss.

[119] Justificativa extraída da ementa do PL 10.372/2018.

[120] Alterou os Decretos-lei 3.689, de 1941; 2.848, de 1940 e as Leis nº 8.038, de 1990; 12.850, de 2013; 12.694, de 2012; 8.072, de 1990; 12.826, de 2003; 7.210, de 1984 e 10.201, de 2001.

a 20 salários mínimos (pela lei, não há mais limites monetários para apresentação do acordo); afastamento da vedação do acordo para os crimes hediondos ou equiparados; previsão de audiência judicial para homologação do acordo e ampliação da atuação do juiz nesse procedimento; e criação de um mecanismo de controle em caso de recusa da proposta pelo Ministério Público (remessa dos autos ao órgão superior).[121]

De mais a mais, o legislador manteve — no máximo, com pequenas alterações textuais ou de alcance — a exclusão do ANPP para os crimes praticados com violência ou grave ameaça, os previstos na Lei Maria da Penha (Lei 11.340/2006) e aqueles cuja pena mínima cominada seja superior a 4 (quatro) anos. A condição de não cabimento de transação penal e a suficiência do ANPP para a reprovação e prevenção do crime seguiram presentes no acordo. Outra coincidência entre as redações foi a exigência da já conhecida confissão, que deve ser formal e circunstanciada, cumulada com as premissas de que o agente não seja reincidente ou possua atividade criminosa habitual e não tenha participado de qualquer mecanismo de composição nos cinco anos anteriores à celebração do acordo.

Estabelecidos os contornos básicos do modelo de acordo de não persecução penal instituído no Brasil, é importante perquirir de forma mais detalhada sobre alguns aspectos específicos de sua arquitetura, que serão fundamentais para o desenvolvimento do capítulo três deste livro.

Um desses aspectos, sem dúvida, versa a respeito da natureza jurídica do acordo de não persecução penal. Sobre o tema, há certa consonância doutrinária no sentido de caracterizar o ANPP como negócio jurídico.[122] Veja-se definição do acordo de não per-

---

121 Para consulta mais detalhada sobre as modificações provocadas pela inclusão no art. 28-A no CPP, ver quadro comparativo contido em: CABRAL, Rodrigo Leite Ferreira. *Manual do acordo de não persecução penal — à luz da Lei 13.964/2019 (Pacote Anticrime).* Op. cit. pp.60-68.

122 É a conclusão alcançada em: CABRAL, Rodrigo Leite Ferreira. *Manual do acordo de não persecução penal — à luz da Lei 13.964/2019 (Pacote Anticrime). Op. cit.* p. 89; MUNIZ, Gina Ribeiro G; ROCHA, Jorge B; SANTIAGO, Nestor Eduardo Araruna. *Qual é o alcance temporal do*

secução penal que se coaduna com o entendimento alcançado por esta autora:

> Trata-se de um negócio jurídico, com fase extrajudicial (proposta e aceitação) e fase judicial (audiência e decisão homologatória), celebrado entre o Ministério Público e o autor do fato — necessariamente assistido por defesa técnica — que confessa formal e circunstanciadamente a prática do crime, submetendo-se ao cumprimento de algumas condições não privativas de liberdade em troca do compromisso de o *parquet* não oferecer denúncia em relação ao caso penal. O acordo é homologado pelo juiz competente e, uma vez integralmente cumprido, implica em extinção da punibilidade. Trata-se, pois, de um instituto despenalizador.[123]

Rodrigo Leite Ferreira Cabral vai além ao defender que "a natureza jurídica do acordo de não persecução penal é caracterizada por um negócio jurídico que consubstancia a política criminal do titular da ação penal pública na persecução dos delitos".[124] No entanto, essa definição (corroborada pela premissa adotada pelo autor de que, ao firmar um ANPP, o Ministério Público realiza uma eleição de prioridades), parece atribuir ao Ministério Público um protagonismo que não encontra guarida nos parâmetros do processo penal acusatório.[125]

---

acordo de não persecução penal? In: Boletim IBCCRIM, Ano 29, nº 349, dezembro de 2021, p. 13; MOREIRA, Rômulo de Andrade. *O acordo de não persecução penal.* In. DE BEM, Leonardo Schmitt e MARTINELLI, João Paulo (Org.). Acordo de não persecução penal. Belo Horizonte. D' Plácido, 2020, etc.

123 MUNIZ, Gina Ribeiro G; ROCHA, Jorge B; SANTIAGO, Nestor Eduardo Araruna. *Qual é o alcance temporal do acordo de não persecução penal?* In: Boletim IBCCRIM, Ano 29, nº 349, dezembro de 2021, p. 13.

124 CABRAL, Rodrigo Leite Ferreira. *Manual do acordo de não persecução penal — à luz da Lei 13.964/2019 (Pacote Anticrime). Op. cit.* p. 89.

125 Adota-se como baliza conceitual para o sistema acusatório a obra de Aury Lopes Jr. sobre o tema: LOPES JR., Aury. *Fundamentos do Processo Penal. Introdução Crítica.* 3 ed. São Paulo: Saraiva, 2017. pp. 159 e seguintes. Especificamente sobre ANPP, vale citar: "*não se pode perder de vista, contudo, os benefícios que o investigado poderá colher da inovação legislativa, a partir do contexto do Processo Penal no sistema acusatório do Estado democrático de Direito, instituído pela Constituição Federal, de 1988, e pela Convenção Americana de Direitos Humanos*". MARTINELLI, João Paulo Orsini e SILVA, Luís Felipe Sene da. *Mecanismos de Justiça consensual e o acor-*

Estabelecida a natureza de negócio jurídico ao instituto do acordo de não persecução penal, há, ainda, debate doutrinário que circunda a natureza jurídica das obrigações assumidas pelo acusado no âmbito do acordo: de pena ou de obrigação negocial.[126] Essa definição será fundamental para posterior análise acerca dos efeitos e reflexos do ANPP perante as esferas político-jurídicas que extrapolam a criminal.

De fato, o entendimento que afasta a natureza de pena das obrigações assumidas pelo acusado no ANPP parece ser o que melhor se amolda à concepção de Direito Penal democrático[127] perquirida no ordenamento jurídico brasileiro, sobretudo em razão do signo consensual por meio do qual foram inicialmente concebidas. Mais do que isso, deve-se relembrar que inexiste no âmbito do acordo de não persecução penal o requisito da imperatividade, da obrigatoriedade de cumprimento das obrigações assumidas — característica intrínseca ao conceito de pena.[128]

Por outro lado, não parece haver consenso na doutrina em relação à natureza do ANPP do ponto de vista da obrigatoriedade ou não de oferecimento de acordo pelo órgão acusatório, quando preenchidos os requisitos esculpidos no art. 28-A do CPP. Ou seja, "se o ANPP teria natureza de direito subjetivo do investigado ou, de outro lado, espécie de poder/dever do Ministério Público, em exercício de discricionariedade regrada".[129]

---

do de não persecução penal. In: Acordo de não persecução penal. DE BEM; Leonardo Schmitt, MARTINELLI, João Paulo (org.). 2ª ed. Belo Horizonte, São Paulo: D'Plácido, 2020. p. 52.

126 CABRAL, Rodrigo Leite Ferreira. *Manual do acordo de não persecução penal — à luz da Lei 13.964/2019 (Pacote Anticrime). Op. cit.* p. 90-93.

127 O presente trabalho se alinha com a concepção de Direito Penal democrático cunhada por Paulo César Busato, para quem "O Direito penal atua como o instrumento mais contundente de que dispõe o Estado para levar a cabo o controle social. É necessário reconhecer que sua intervenção constitui, por si só, uma violência. Com efeito, o ato de impor uma pena sempre consistirá em uma forma de agredir, independentemente dos objetivos que sejam projetados com esta agressão. (...) A referida gravidade cobra que miremos as manifestações do Direito penal com redobrados cuidados e reservas." BUSATO, Paulo César. *Fundamentos para um Direito Penal democrático.* São Paulo: Atlas, 2015, p. 144.

128 CABRAL, Rodrigo Leite Ferreira. *Manual do acordo de não persecução penal — à luz da Lei 13.964/2019 (Pacote Anticrime). Op. cit.* pp. 90-91.

129 DE FARIAS, Alexandre Ramalho; ZEIDLER, Ervin Fernando. *Acordo de não persecução penal:*

A discussão reside, precisamente, em definir qual o grau de discricionariedade (se é que há alguma) atribuído ao Ministério Público, mormente quando da análise dos requisitos subjetivos previstos no rol do ANPP,[130] para oferecer ou não o acordo de não persecução penal a investigados que, *a priori*, se encaixariam nos requisitos objetivos do instituto.

Os defensores do acordo de não persecução como direito subjetivo do acusado representam franca minoria no debate doutrinário,[131] sendo que a hipótese (embora demande densa incursão que não será esgotada nesse trabalho) parece já ter sido derrotada jurisprudencialmente, eis que há precedentes do Supremo Tribunal Federal e do Superior Tribunal de Justiça apontando para a impossibilidade de o Poder Judiciário impor ao Ministério Público obrigação de ofertar acordo penal.[132]

A rigor, o entendimento que encontra maior guarida dentre as manifestações sobre o tema é aquele que aponta para o direito do acusado a uma recusa devidamente motivada e justificada por parte do Ministério Público, quando o órgão acusatório entenda não ser o caso da proposição de acordo.[133] Nesse sentido:

---

direito subjetivo do investigado ou poder/dever do Ministério Público no exercício de política criminal do Estado? In. DE FARIAS, Alexandre Ramalho; DAS NEVES, Alexandre Cavalli; GONÇALVES, Guilherme Henrique. Sistema penal no estado democrático de direito: estudos em homenagem aos 30 anos de docência do professor Luiz Renato Skroch Andretta. São Paulo: Tirant lo Blanch, 2021. p. 344.

130 "Os requisitos subjetivos se manifestam por meio de duas vedações e uma condição a ser cumprida no momento da celebração do acordo". São eles: a ausência de habitualidade ou profissionalismo na conduta criminosa (art. 28-A, §2º, II, CPP); confissão formal e circunstanciada (art. 28-A, *caput*, CPP); e inexistência de acordo anterior (art. 28-A, §2º, III, CPP). CABRAL, Rodrigo Leite Ferreira. *Manual do acordo de não persecução penal — à luz da Lei 13.964/2019 (Pacote Anticrime). Op. cit.* pp. 117 e ss. Além disso, a discricionariedade reside em analisar se o acordo é necessário e suficiente para a reprovação e prevenção do crime — aferindo-se elementos relativos à gravidade e culpabilidade. Nesse sentido: DE FARIAS, Alexandre Ramalho; ZEIDLER, Ervin Fernando. *Acordo de não persecução penal: direito subjetivo do investigado ou poder/dever do Ministério Público no exercício de política criminal do Estado? Op. cit.* p. 347.

131 Dentre os quais se destaca Aury Lopes Jr. em LOPES JR., Aury. *Direito Processual Penal.* São Paulo: Saraiva Educação, 2020, p. 221.

132 Precedentes que apontam para o raciocínio indicado: STF. 2ª Turma. HC 194677/SP, Rel. Min. Gilmar Mendes, julgado em 11/5/2021 (Info 1017); AgRg no RHC 130.587/SP, Rel. Min. Felix Fischer, 5ª. T, j. em 17/11/2020, DJe 23/11/2020.

133 DE FARIAS, Alexandre Ramalho; ZEIDLER, Ervin Fernando. *Acordo de não persecução penal:*

> O legislador não deixou ao Ministério Público uma atividade discricionária plena, mas sim regrou-a, estabelecendo as balizas para a escolha político-criminal a ser implementada. (...) ao considerar o ANPP instrumento de política criminal de avaliação discricionária, sem a observância dos requisitos balizadores da escolha do Ministério Público, abre-se caminho para um decisionismo arbitrário, eis que impõe ao Direito uma aplicação relegada ao campo da 'sorte ou azar'. A casuística, nesse sentido, é incompatível com a segurança jurídica necessária dentro de um Estado Democrático de Direito.[134]

Como forma de parametrizar a discricionariedade atribuída ao Ministério Público, e conferir coerência, estabilidade e segurança jurídica ao âmbito de celebração de acordos, parte da doutrina sugere inclusive a criação de determinadas balizas internas na Instituição que proporcione uma "cultura uniforme" na condução dos acordos de não persecução penal, sob pena de desvirtuar o Ministério Público de seu papel democrático e constitucional.[135]

Também com o intuito de harmonizar a aplicação do ANPP com os princípios democráticos, com olhos postos nas garantias do acusado, fala-se também na necessidade do estabelecimento de um *devido processo consensual* com regras e limites claros. Vinicius Gomes de Vasconcellos, numa incursão sobre o tema, estabelece quatro regras seriam fundamentais nesse *processo*: o direito à assistência técnica efetiva durante todas as etapas da negociação; o direito à informação, acesso aos autos

---

direito subjetivo do investigado ou poder/dever do Ministério Público no exercício de política criminal do Estado? *Op. cit.* p. 347.

134 PEREZ, Stephanie Carolyn; PASCOLATI JUNIOR, Ulisses Augusto. *Controle judicial nos casos de recursa do Ministério Público ao oferecimento da proposta de acordo de não persecução penal.* In: Boletim IBCCRIM, Ano 29, nº 348, novembro de 2021, pp. 8-9.

135 DE MORAES, Alexandre Rocha Almeida; BECHARA, Fábio Ramazzini. *Acordo de não persecução penal e restrição das hipóteses de cabimento a partir dos mandados constitucionais de criminalização.* In: SALGADO, Daniel de Resende; KIRCHER, Luis Felipe Schneider; DE QUEIROZ, Ronaldo Pinheiro. Justiça Consensual: acordos criminais, cíveis e administrativos. São Paulo: Editora JusPodivm, 2022. pp. 441-442.

e à investigação; a necessidade de critérios claros e controle no âmbito da decisão de oferta de acordo; e o direito a recursos e sistemas de controle judicial.[136] Isso porque a ausência de um regramento claro se apresenta como um dos principais pontos controversos da justiça negocial.

Finalmente, merece ser lembrado que o juiz possui importante papel nos limites de fiscalização do regramento dos acordos e da chamada discricionariedade regrada[137] do Ministério Público, sendo que "é um dever do magistrado, verificando a inércia do MP ou a ilegalidade do não oferecimento do ANPP, agir de ofício para levar o caso à apreciação do órgão superior do Ministério Público".[138]

A introdução dos acordos de não persecução penal no ordenamento jurídico brasileiro trouxe um extenso rol de dúvidas, polêmicas e debates político-doutrinários que não se pretende esgotar no presente trabalho, cujo recorte temático é limitado aos reflexos jurídicos que o ANPP desencadeará no Direito Eleitoral. O que se pretendeu, dentro desses limites, foi delinear um panorama introdutório sobre o instituto, suscitando temas de relevância para o desenvolvimento do livro.

Dito isso, no próximo tópico será explorada importante questão que impacta diretamente nos efeitos extrapenais desencadeados pela celebração de acordo de não persecução penal — o requisito subjetivo da confissão formal e circunstanciada.

---

136 VASCONCELOS, Vinicius Gomes de. *Justiça Criminal Negocial e Direito de Defesa: os Acordos no Processo Penal e seus Limites Necessários.* In: Boletim IBCCRIM, Ano 29, nº 344, julho de 2021, p. 08.

137 Termo cunhado em DE FARIAS, Alexandre Ramalho; ZEIDLER, Ervin Fernando. *Acordo de não persecução penal: direito subjetivo do investigado ou poder/dever do Ministério Público no exercício de política criminal do Estado? Op. cit.* p. 350.

138 DE AVELAR, Daniel Ribeiro Surdi; DE MATTOS, Rodrigo Castor. *Acordo de não persecução penal: a atuação ex officio do Poder Judiciário.* Revista Consultor Jurídico, 05 de abril de 2021. Disponível em: <https://www.conjur.com.br/2021-abr-05/opiniao-anpp-atuacao-ex-officio-poder-judiciario#_ftnref21>. Acesso em 18/01/2022.

1.3 O requisito subjetivo da confissão

As problemáticas conceituais e valorativas que circundam a ideia de confissão não são nem um pouco novas no âmbito da persecução e do processo penais.[139] De "rainha das provas" no processo inquisitório,[140] a confissão foi gradualmente perdendo seu valor individual — sobretudo quando desacompanhada de provas que a corroborem — na medida em que passaram a ser incorporadas ao Sistema Processual Penal brasileiro garantias que ajustaram a confissão aos termos da Constituição Federal.[141] Assim, nas palavras de Fauzi Hassan Choukr:

> Diante das bases constitucionais do processo penal, deve-se levar em conta para a valoração válida da confissão que ela tenha ocorrido: (i) livre de qualquer meio que comprometa, de qualquer modo, a autonomia da vontade da pessoa que confessa; (ii) que a pessoa que confessa tenha sido informada e tenha compreendido substancialmente seus direitos constitucionais; (iii) que ela tenha sido produzida em ato jurisdicional; (iv) que ela tenha sido assistida por defensor técnico.[142]

Esse panorama introdutório, apesar de sua notável importância dogmática, foi delineado sob o pano de fundo do Direito Penal e do Processo Penal clássicos, em que os efeitos mais claros da confissão recaiam na possibilidade de aplicação da atenuante genérica prevista no art. 65, inciso III, alínea *d*, do Código Penal.[143]

De todo modo, é preciso reconhecer que "o incentivo à confissão mediante outorga de prêmio não é de todo estranho ao ordenamento jurídico pátrio, que estimula a colaboração voluntária

---

139 Sobre o desenvolvimento do interrogatório e do papel da confissão no Brasil, ver: GALVÃO, Danyelle da Silva. *Interrogatório por videoconferência*. Dissertação (Mestrado em Direito), Universidade de São Paulo. São Paulo, 2012. pp. 14-50.

140 LOPES JR., Aury. *Direito processual penal. Op. cit.* pp. 451-452.

141 CHOUKR, Fauzi Hassan. *Código de Processo Penal: Comentários consolidados e crítica jurisprudencial*. Belo Horizonte: Editora D'Plácido, 2019. pp. 535-539.

142 *Idem*. p. 535.

143 Art. 65: São circunstâncias que sempre atenuam a pena: (...) III — ter o agente: d) confessado espontaneamente, perante a autoridade, a autoria do crime.

e a confissão por meio de prêmios penais e processuais." — na esteira do que pontuaram Maria Thereza Rocha de Assis Moura e Marta Saad.[144]

O papel (pode-se dizer secundário) que foi atribuído à confissão no modelo acusatório de processo penal, passou a ser novamente revisitado a partir da expansão dos métodos de justiça penal negocial utilizados no Brasil. A confissão alcançou novo patamar de relevância, à medida que se difundiu o reconhecimento estatal acerca da necessidade de colaboração do investigado com a persecução penal, seja pelo reconhecimento de sua culpa, seja pela incriminação de terceiros.[145]

Em leitura crítica da utilização alargada da confissão no âmbito negocial, Aury Lopes Jr. destaca que essa expansão a coloca mais uma vez no centro da questão probatória, aproximando — por esse aspecto — os mecanismos penais negociais da estrutura inquisitória brasileira.[146]

O tema é denso e demanda análise cuidadosa — que no presente trabalho se aterá ao papel da confissão no acordo de não persecução penal — a fim de evitar conclusões precipitadas ou saltos argumentativos.

Diferente dos requisitos fixados na transação penal e na suspensão condicional do processo (que não incluíram a confissão,

---

[144] MOURA, Maria Thereza Rocha de Assis; SAAD, Marta. *Acordo de não persecução penal: desafios já diagnosticados da reforma trazida pela Lei 13.964/2019.* In: SALGADO, Daniel de Resende; KIRCHER, Luis Felipe Schneider; DE QUEIROZ, Ronaldo Pinheiro. Justiça Consensual: acordos criminais, cíveis e administrativos. São Paulo: Editora JusPodivm, 2022. p. 405.

[145] GIACOMOLLI, Nereu José; VASCONCELLOS, Vinicius Gomes de. *Justiça criminal negocial: crítica à fragilização da jurisdição penal em um cenário de expansão dos espaços de consenso no processo penal.* Novos Estudos Jurídicos, v. 20, n. 3, set./dez. 2015. p. 1111.

[146] Aury Lopes Jr. coloca no mesmo plano questões que, em verdade, são distintas: a primeira delas é a exigência da confissão, o que força uma valorização artificial deste meio de prova; a segunda decorre da estrutura inquisitorial que caracteriza das investigações e o Inquérito Policial no Brasil. O fato de a confissão dar-se neste ambiente, infenso à ampla defesa, hostil aos direitos e garantias fundamentais do cidadão e de controle social e jurisdicional difícil ou impossível apenas faz crescer exponencialmente o problema. LOPES JR., Aury. *A Crise Existencial da Justiça Negocial e o que (não) aprendemos com o JECRIM.* In: Boletim IBCCRIM, Ano 29, nº 344, julho de 2021, p. 04-05.

mas tão somente uma lógica de *nolo contedere*[147]), o art. 28-A do CPP, na redação dada pela Lei 13.964/2019, estabeleceu como requisito subjetivo para a celebração do acordo de não persecução penal a confissão formal e circunstanciada do acusado.[148] Isso demanda do jurisdicionado que narre detalhadamente as condições e o modo de execução da infração que lhe está sendo imputada — não bastando uma confissão formal ou genérica.[149]

Aponta Rodrigo Cabral:

> A confissão, ademais, não pode ser uma confissão magra, simplesmente confirmando o objeto da investigação. Deve ser algo detalhado, estando acompanhada de narrativa suficientemente coerente e convincente sobre a prática criminosa, a ponto de transmitir consistência e veracidade. Deverá, portanto, falar livremente, com suas próprias palavras, sem conduções e sem o auxílio de terceiros, a respeito dos fatos apurados na investigação, além disso não poderá ser uma confissão parcial, deverá incluir autores e partícipes, além do que não poderá ser uma confissão qualificada, nem retratada.[150]

O autor está entre aqueles que se mostram francamente favoráveis à existência do requisito da confissão no bojo do acordo de não persecução penal. Isso porque, segundo esta corrente,[151] a confissão desempenharia tanto uma função de garantia

---

147 Conceito e premissas enfrentadas no tópico 1.1 deste trabalho.

148 VASCONCELLOS, Vinicius Gomes de; REIS, Dimas Antônio Gonçalves Fagundes. *Limites à utilização da confissão do imputado realizada como requisito ao acordo de não persecução penal.* Revista de Estudos Criminais, Porto Alegre, v. 20, n. 80, 2021. p. 268.

149 DE-LORENZI, Felipe da Costa. *Justiça negociada e fundamentos do Direito Penal: pressupostos e limites materiais para os acordos sobre a sentença penal no Brasil.* Tese (Doutorado em Ciências Criminais) — Faculdade de Direito, Pontifícia Universidade Católica do Rio Grande do Sul. Porto Alegre, 2020. p. 220.

150 CABRAL, Rodrigo Leite Ferreira. *Manual do acordo de não persecução penal — à luz da Lei 13.964/2019 (Pacote Anticrime). Op. cit.* p. 124.

151 Também composta por BRANDÃO, Nuno. *Acordos sobre a sentença penal: problemas e vias de solução.* In: Revista Julgar, n. 25, 2015; e GUARAGNI, Fábio André. *Acordo de não persecução penal: os contornos da confissão exigida pelo art. 28-A do CPP*. In: Acordo de não persecução penal. DE BEM, Leonardo Schmitt; MARTINELLI, João Paulo (org.). Belo Horizonte: D'Plácido, 2020; MENDONÇA, Andrey Borges; CAMARGO, Fernão Pompeo; RONCADA, Katia H. M. *Acordo de não persecução penal e a justiça restaurativa. Mais um passo no caminho da transforma-*

ao Ministério Público (no sentido de que não se estaria a praticar uma injustiça em desfavor de um inocente), quanto uma função processual — de fornecem uma espécie de vantagem ao Ministério Público em caso de descumprimento do acordo pelo acusado. Esse segundo aspecto, traria ao jurisdicionado a percepção de que eventual descumprimento do ANPP trará consequências concretas.[152]

Há ainda quem pontue que a confissão produziria um efeito de ordem psicológica no acusado, que se valeria da premissa de que "a alteração do comportamento deve assentar-se em uma nova disposição psíquica (novo *mindset*) de arrependimento pela prática da infração penal".[153] Logo, por essa lógica, para corrigir um comportamento delituoso seria antes necessário admiti-lo.

Uma das grandes problemáticas decorrente dessa posição reside na defesa, pelos referidos autores, de que a confissão — em caso de eventual descumprimento ou não homologação do acordo de não persecução penal — poderia ser utilizada como elemento corroborador das provas produzidas nos respectivos autos, como meio para buscar novos elementos probatórios ou como forma de confronto com o interrogatório judicial do acusado.[154]

Nesse ponto, o posicionamento de Vinicius Vasconcellos e Dimas Fagundes Reis parece ser o que mais se coaduna com os preceitos do Direito Penal democrático, ao defenderem que "não se pode, em nenhuma hipótese, afirmar que o ANPP, ao estabelecer uma obrigatoriedade de confissão circunstanciada, tenha por finalidade a busca dessa confissão como prova ao processo. A confissão (...) não pode ser utilizada para fundamentar eventual

---

ção social. Op. cit.

152 CABRAL, Rodrigo Leite Ferreira. *Manual do acordo de não persecução penal — à luz da Lei 13.964/2019 (Pacote Anticrime). Op. cit.* p. 125.

153 SOUZA, Renee do Ó; DOWER, Patrícia Eleutério Campos. *Algumas respostas sobre o acordo de não persecução penal.* In: Acordos de não persecução penal e cível. Salvador: Editora Juspodium, 2021. p. 238.

154 *Idem.* p. 126-128.

condenação se houver descumprimento do acordo."[155] Vale a ressalva, no ponto, que o art. 3º-C, § 3º do CPP — apesar de se encontrar momentaneamente suspenso por força de decisão tomada pelo Supremo Tribunal Federal[156] — pode ter o condão de impedir o aproveitamento da confissão extrajudicial.[157]

Para além, a tratativa da confissão como uma forma de assegurar garantias ao órgão acusador parece ser excessivamente formal e descolada da experiência negocial estrangeira — sobretudo a dos Estados Unidos — que retrata aos montes a confissão de crimes por inocentes para firmar acordos de *plea bargaining*, movidos por uma lógica de aversão ao risco.[158]

Sobre o tema, Juan Antonio Lascuraín Sánchez e Fernando Gascón Inchausti arrematam:

> O problema de um inocente aceitar a culpabilidade (e uma pena[159]) reside no fato de que, nada obstante tal opção não seja razoável, acaba, na prática, tornando-se. Em outros termos, quer dizer que se torna sensata a aceitação de uma consequência que deveria ser inegociável, justificando-se tal conduta a partir dos defeitos do próprio sistema. Poder-se-ia pensar num exemplo extremo: é acertado aceitar uma pena menor injusta se com ela se evita um procedimento gravoso e eterno ou uma pena muito

---

155 VASCONCELLOS, Vinicius Gomes de; REIS, Dimas Antônio Gonçalves Fagundes. *Limites à utilização da confissão do imputado realizada como requisito ao acordo de não persecução penal. Op. cit*, p. 273.

156 Decisão tomada no bojo das ADIs 6.298, 6.299, 6.300 e 6.305, que tramitam perante o STF. Data de consulta: 23/01/2022.

157 MOURA, Maria Thereza Rocha de Assis; SAAD, Marta. *Acordo de não persecução penal: desafios já diagnosticados da reforma trazida pela Lei 13.964/2019. Op. cit.* p. 408.

158 Sobre o tema, consultar: DERVAN, Lucian E.; EDKINS, Vanessa A. *The innocent defendant's dilemma: an innovative empirical study of plea bargaining's innocence problem.* Journal of Criminal Law & Criminology, v. 103, 2012; HESSICK, Andrew; SAUJANI, Reshma. *Plea bargaining and convicting the innocent: the role of the prosecutor, the defense counsel, and the judge.* Brigham Young University Journal of Public Law, v. 16, 2002; BRANDÃO, Beno; MORAES, Felipe Américo. *Confissões inocentes nos acordos de não persecução penal.* IBDPE: Instituto Brasileiro de Direito Penal Econômico, 18 de agosto de 2020. Disponível em: <https://ibdpe.com.br/confissoes-inocentes-anpp/>. Acesso em 22/01/2022.

159 No ponto, entende-se que a denominação de pena não se aplica ao acordo de não persecução penal brasileiro, na esteira dos apontamentos feitos no tópico 1.2.

maior e, portanto, ainda mais injusta, como provável resultado de uma deturpação da presunção de inocência do acusado.[160]

O pano de fundo desse cenário, aliás, costuma ser um contexto de *overcharging*: fenômeno definido como a prática de multiplicar as acusações contra um jurisdicionado (*overcharging horizontal)*, ou imputá-lo prática de crime mais grave do que o efetivamente investigado (*overcharging vertical*), com o mote de induzir o acusado à negociação do acordo, com a renúncia ao julgamento regular do processo. Vale pontuar que, "o uso dessas espécies de acusação excessiva é estratégico: o acusador muitas vezes não dispõe de prova suficiente para acusar pelas acusações 'a mais' ou ao menos não tem interesse em assegurar a condenação por elas, mas as usa como moedas de troca."[161]

O *overcharging*, em verdade, talvez seja a manifestação mais grave dos excessos e abusos que possam vir a ser praticados na esfera penal negocial, especialmente diante da formatação que foi dada ao ANPP — atribuindo centralidade à submissão[162] e confissão do jurisdicionado.

Assim, pelas fragilidades expostas, o presente trabalho se alinha à parte da doutrina que tem questionado a obrigatoriedade da confissão formal e circunstanciada como requisito intrínseco e antecedente à homologação do acordo.[163] Nesses exatos termos, Maria Thereza Rocha de Assis Moura e Marta Saad elencam um rol de motivos que autorizaram esse questionamento:

---

160 SÁNCHEZ, Juan Antonio Lascuraín; INCHAUSTI, Fernando Gastón. *Por que os inocentes celebram acordos com reconhecimento de culpa?* In: SALGADO, Daniel de Resende; KIRCHER, Luis Felipe Schneider; DE QUEIROZ, Ronaldo Pinheiro. Justiça Consensual: acordos criminais, cíveis e administrativos. São Paulo: Editora JusPodivm, 2022. p. 107.

161 CAMARGO, Pedro Luís de Almeida. *O risco de overcharging na prática negocial do processo penal brasileiro.* In: Boletim IBCCRIM, Ano 29, nº 344, julho de 2021, pp. 29-30.

162 Sobre o viés da submissão, consultar: VASCONCELLOS, Vinicius G. *Barganha e justiça criminal negocial*: análise das tendências de expansão dos espaços de consenso no processo penal brasileiro. pp. 175 e ss.

163 MOURA, Maria Thereza Rocha de Assis; SAAD, Marta. *Acordo de não persecução penal: desafios já diagnosticados da reforma trazida pela Lei 13.964/2019. Op. cit.* 405-406.

> (...) o acordo de não persecução penal não tem natureza condenatória; a confissão não se presta primordialmente a incriminar terceiros e auxiliar nas investigações, diferentemente do que ocorre com a colaboração premiada; o Estado não deveria impor uma condição moral de arrependimento, com apego à confissão sem relevância processual; não há previsão legal expressa acerca do destino da confissão do investigado, nas hipóteses em que, porventura, o acordo não venha a ser homologado judicialmente; não há previsão sobre a repercussão da confissão para além dos limites penais, notadamente em casos em que os fatos investigados têm desdobramentos em múltiplas esferas sancionatórias.[164]

Entende-se que a exigência de confissão detalhada no âmbito do ANPP, ademais, afeta a própria relação entre os mecanismos negociais e a presunção de inocência, esculpida como cláusula pétrea no art. 5º, inciso LVII, da Constituição Federal.[165] É que, nos termos do disposto no art. 28-A do CPP, o acusado será tratado como culpado antes da formação de qualquer culpa concreta — por força da imposição da confissão. Tem-se uma notável inversão das premissas mais basilares do processo penal, para manutenção de requisito que não é propriamente fundamental à existência do instituto do ANPP no ordenamento jurídico brasileiro.

Para negar a ocorrência de qualquer tensão com o princípio da presunção de inocência, com o direito ao silêncio e com as demais garantias basilares do processo penal democrático, a justificativa mais recorrente encontrada nas obras que se coadunam com a obrigatoriedade da confissão no ANPP caminha no sentido de reconhecer a voluntariedade do acusado e a contrapartida

---

164 Idem. p. 380

165 "A presunção de inocência se caracteriza como regra de tratamento, na medida em que proíbe qualquer tratamento como se culpado fosse ao acusado pelo fato de este ser denunciado ou réu (...) A última regra da presunção de inocência é a de juízo. Representa uma garantia do cidadão de que, no caso de dúvida quanto ao acervo provatório, o juiz deverá absolvê-lo." VASCONCELLOS, Vinicius Gomes de; REIS, Dimas Antônio Gonçalves Fagundes. *Limites à utilização da confissão do imputado realizada como requisito ao acordo de não persecução penal. Op. cit*, p. 270.

mínima que devem estar presentes no acordo de não persecução penal.[166] Em especial, aponta Douglas Fischer "primeiro porque continua existindo discricionariedade do agente em, mediante a devida orientação técnica de seu advogado, fazer ou não fazer a confissão formal e circunstancial dos fatos. (...) Segundo que não se pode conceber que alguém que queira os benefícios legais pretenda continuar em posição defensiva (...)".[167]

A adoção dessa justificativa, no entanto, perpassaria necessariamente pelo reconhecimento como verdadeiras de duas premissas que não parecem encontrar amparo absoluto na realidade penal negocial brasileira: a de que todos os jurisdicionados que firmam acordos de não persecução penal possuem acesso a defesa técnica de qualidade; e a de que existe igualdade entre as partes (órgão acusador e jurisdicionado) durante a pactuação do ANPP.

Sobretudo no que toca ao segundo aspecto, Vinicius Gomes de Vasconcellos destaca que a já evidente desigualdade que outrora existia entre acusação e defesa — em certo aspecto inerente ao processo penal — é agudizada no âmbito do Direito Penal negocial. O órgão acusador passa a assumir funções oriundas do julgador, aniquilando as possibilidades de se estabelecer uma paridade de armas com o acusado.[168]

Também não parece resistir a uma análise aprofundada a comparação feita entre os institutos do acordo de não persecução penal e da colaboração premiada, para concluir que — tendo o Supremo Tribunal Federal reconhecido a inexistência de

---

166 É o que defende Douglas Fischer, ao concluir que "a exigência legal não afeta os núcleos centrais dos direitos fundamentais ao silêncio e da não-incriminação, na medida em que, em tese, se está exigindo uma (mínima) postura ativa do agente na assunção da responsabilidade que, em tese, poderia ser imputada por meio de formal ação penal ("não sendo caso de arquivamento").". FISCHER, Douglas. *Apontamentos sobre algumas questões relevantes do acordo de não persecução penal — ANPP*. In: SALGADO, Daniel de Resende; KIRCHER, Luis Felipe Schneider; DE QUEIROZ, Ronaldo Pinheiro. Justiça Consensual: acordos criminais, cíveis e administrativos. São Paulo: Editora JusPodivm, 2022. p. 380.

167 Idem. p. 380.

168 VASCONCELLOS, Vinicius G. *Barganha e justiça criminal negocial: análise das tendências de expansão dos espaços de consenso no processo penal brasileiro. Op. cit.* p. 178.

inconstitucionalidade na confissão do agente para fins de colaboração premiada[169] — não haveria que se falar em violação a garantias constitucionais na extensão da obrigação para o ANPP.[170]

A razão é simples e já foi antecipada por Maria Thereza Rocha de Assis Moura e Marta Saad: os limites estabelecidos pela *ratio* do acordo de não persecução penal dão conta de um instituto despenalizador cujos objetivos (político-criminais e de persecução) estão adstritos às partes que celebram o acordo. No caso da colaboração premiada, por outro lado, o objetivo central do instituto é muito mais amplo e reside, justamente, na necessidade de afetação de terceiros — ou seja, que a confissão se preste a incriminar partícipes e auxiliar nas investigações.[171] Por evidente, assim, que a essencialidade do requisito da confissão no ANPP e na colaboração premiada não pode ser simplesmente igualada, sem a devida diferenciação entre os institutos.

Finalmente, há que se salientar a existência de complexo debate em torno do uso da confissão para além do acordo de não persecução penal. O tema será explorado com maior profundidade no capítulo três do livro, mas — pode-se adiantar — que reside na discussão sobre a possibilidade de compartilhamento da confissão "com outras instâncias de apuração do mesmo fato ilícito, como procedimentos administrativos ou civis sancionatórios, a exemplo de procedimentos instaurados na Receita Federal, CADE, Banco Central, CGU, AGU, TCU, CVM ou até para instruir inquérito civil ou ação civil pública"[172] — aplicando-se as mesmas dúvidas e incertezas às ações de natureza eleitoral.

---

169 O tema da renúncia voluntária do direito ao silencio foi abordado no precedente: STF. HC 127.483/PR, Rel. Ministro Dias Toffoli, julgado em 27/08/2015.

170 FISCHER, Douglas. *Apontamentos sobre algumas questões relevantes do acordo de não persecução penal — ANPP. Op. cit.* p. 382-383.

171 MOURA, Maria Thereza Rocha de Assis; SAAD, Marta. *Acordo de não persecução penal: desafios já diagnosticados da reforma trazida pela Lei 13.964/2019. Op. cit.* 405-406.

172 Maria Thereza Rocha de Assis Moura e Marta Saad. In: MOURA, Maria Thereza Rocha de Assis; SAAD, Marta. *Acordo de não persecução penal: desafios já diagnosticados da reforma trazida pela Lei 13.964/2019. Op. cit.* p. 408.

Identificadas as críticas e problemáticas preliminares sobre a confissão, que trazem deslindes de insegurança ao instituto do acordo de não persecução penal, cumpre destacar uma alternativa aparentemente viável à obrigatoriedade da confissão circunstanciada. Trata-se da possibilidade de se recepcionar o simples silêncio do acusado — como já ocorre no âmbito da transação penal, por exemplo — que poderia ser interpretado, em último grau, como confissão tácita,[173] ou apenas como *nolo contendere* (quando o acusado não admite sua culpabilidade, mas concorda em renunciar ao processo penal).[174]

Essa possibilidade parece aceitável, acima de tudo, por não ser a confissão uma característica vital do instituto do ANPP. É dizer: ainda é possível se conceber a existência do acordo de não persecução penal sem a obrigatoriedade de uma confissão formal e circunstanciada.

Cumpre rememorar que a experiência italiana no âmbito da justiça penal negocial — o chamado *patteggiamento* — é um bom exemplo da utilização de mecanismos negociais que não exigem a confissão e que, também por isso, reforçam o desenho processual penal acusatório. O termo *nolo contendere*, inclusive, deriva dessa experiência que Máximo Langer bem sintetiza:

> (...) no *patteggiamento* não há o *guilty plea* ou admissão explícita de culpa pelo réu. Através do requerimento de aplicação da pena, o acusado abre mão do seu direito ao processo e pode estar implicitamente admitindo a sua culpa. Contudo, o juiz pode ainda decidir absolver o réu após examinar a prova colhida no dossiê escrito e antes de homologar o acordo. Esta decisão de não introduzir uma admissão explícita de culpa no *patteggiamento* é outro reflexo da preocupação relativamente ao devido processo. Os autores temiam que uma admissão de culpa poderia minar a presunção de inocência garantida a todos os acusados pela

---

173 É o que parecem sugerir Maria Thereza Rocha de Assis Moura e Marta Saad. Idem, p. 406.

174 KIRCHER, Luis Felipe Schneider. *Justiça Penal Negocial e Verdade: há algum tipo de conciliação possível?* Op. cit. p. 75.

> Constituição Italiana. Neste sentido, a ausência de uma explícita admissão de culpa faz com que o *patteggiamento* italiano seja mais similar às negociações do *nolo contendere* estadunidenses do que propriamente do *guilty plea.*[175]

Por outro lado, dentro da realidade normativa posta, os meios viáveis para que se minimizem as ameaças descritas às garantias processuais do jurisdicionado parecem rememorar os preceitos elencados por Vinicius Gomes de Vasconcellos já referidos nesse trabalho,[176] dentre os quais se destaca a observância do direito aos recursos e do acesso a instâncias de controle judicial. O contraponto necessário a excessos em potencial deve ser, sempre que possível, o controle jurisdicional.[177] E ele pode ser feito, em tese, de duas formas: por meio de impugnações (como recursos ou ações constitucionais) ou por ocasião do juízo homologatório, fase necessária para a materialização e conclusão do ANPP.

O autor conclui que:

> (...) no juízo homologatório, é fundamental que ocorra um controle sobre a base fática para a aceitação do acordo. A confissão não pode ser fundamento exclusivo da condenação, ao passo que elementos de corroboração precisam justificar a superação da presunção de inocência para autorizar a imposição de uma sanção criminal (ainda que denominada diversamente). Mesmo em mecanismos negociais dirigidos a fatos considerados menos graves, como a transação penal, não se pode admitir a

---

175 LANGER, Máximo. *Dos transplantes jurídicos às traduções jurídicas: a globalização do plea bargaining e a tese da americanização do processo penal.* In. DELICTAE, vol. 2, nº3, Jul.-Dez. 2017. pp. 95-96. Texto Original: LANGER, *Maximo. From Legal Transplants to Legal Translations: The Globalization of Plea Bargaining and the Americanization Thesis in Criminal Procedure.* In Harvard International Law Journal. v. 45. n. 01, 2004. p. 01-65. Tradução de Ricardo Jacobsen Gloeckner e Frederico C. M. Faria.

176 Explorados no tópico 1.2 do trabalho.

177 No ponto, merece atenção especial a contribuição formulada por Danyelle Galvão, sobre a importância da adoção de um sistema de precedentes como meio de concretizar princípios basilares do processo penal. In: GALVÃO, Danyelle. *Precedentes Judiciais no Processo Penal.* São Paulo: Editora Juspodivm, 2022. pp.60-65.

homologação sem qualquer lastro probatório a indicar a ocorrência de fato criminoso e punível, por exemplo.[178]

Tem-se, pois, delineadas as principais características e os deslindes mais sensíveis que tocam o requisito da confissão formal e circunstanciada no âmbito do acordo de não persecução penal. Ao longo dos próximos capítulos, esses conceitos e problemáticas serão explorados com maior profundidade, tendo como referência o universo do Direito Eleitoral e dos crimes eleitorais, e se valendo das premissas já fixadas neste capítulo introdutório.

---

178 VASCONCELOS, Vinicius Gomes de. *Justiça Criminal Negocial e Direito de Defesa: os Acordos no Processo Penal e seus Limites Necessários.* In: Boletim IBCCRIM, Ano 29, nº 344, julho de 2021, p. 09.

2

A lógica consensual e o acordo de não persecução penal na Justiça Eleitoral brasileira

A Justiça Penal Eleitoral, apesar de estar inserida nos esforços dogmáticos em prol de um Direito (Processual) Penal democrático, não raro padece de uma especial falta de referência estrutural aos princípios básicos do Direito e do Processo penais.[179] E não é difícil constatar que a problemática se torna mais complexa quando inseridos mecanismos negociais nesse contexto.

A ausência de uma sistematização clara, a presença de inúmeros tipos penais eleitorais desatualizados (que se sustentam por meio de uma referência genérica ao bem jurídico da lisura das eleições[180]), a falta de observância dos princípios constitucionais estruturantes e a multiplicação de propostas legislativas que albergam novas criminalizações, denotam a necessidade doutrinária de se lançar um olhar sistêmico-global sobre o Direito Penal Eleitoral e o Processo Penal Eleitoral, enquanto searas que

---

179 Conforme já explorado em: HANDAR, Yasmin Brehmer. D*ireito Penal e financiamento de campanha: uma análise sobre a proposta de criminalização autônoma das doações irregulares e do caixa dois eleitoral.* Monografia (Graduação em Direito), Universidade Federal do Paraná. Paraná, 2018. p. 53.

180 Cf. NEISSER, Fernando Gaspar. *Crime e mentira na política.* Belo Horizonte: Fórum, 2016. 150-151.

precisam se comunicar com o desenho jurídico constitucional e com o desenvolvimento dos demais ramos do Direito.[181]

Partindo dessas premissas, bem como dos aspectos da lógica negocial e do acordo de não persecução penal já delineados no capítulo anterior, o objetivo do trabalho passa a ser, nesse momento, identificar o espaço e os reflexos preliminares da justiça penal negocial dentro do Direito Eleitoral.

A análise iniciará pela relação que a Justiça Eleitoral possui, *lato sensu*, com os institutos consensuais e com a autocomposição. Essa etapa será fundamental para responder se, de fato, a Justiça Eleitoral é refratária a esses mecanismos consensuais (mais especificamente, os negociais) — ou se, tão somente, há uma carência de estruturação e regulamentação. Para tanto, além das balizas constitucionais e das Resoluções editadas pelo Tribunal Superior Eleitoral (uma das fontes mais relevante do Direito Eleitoral),[182] será necessário adentrar na utilização dos institutos consensuais disponíveis há mais tempo no ordenamento jurídico brasileiro — notadamente, a transação penal e a colaboração premiada.

Na sequência, será o momento de estudar o rito, o papel e a importância específicos do acordo de não persecução penal no contexto dos crimes eleitorais e conexos. Para tanto, o levantamento jurisprudencial realizado para a elaboração do trabalho — com identificação dos ANPPs firmados na Justiça Eleitoral desde a vigência do instituto até março de 2023 — será um instrumento importante no sentido de identificar as problemáticas e consequências concretas que desbordam dessa pactuação.

A importância do acordo de não persecução penal no âmbito eleitoral será tanto maior quanto for a importância atribuída aos crimes eleitorais na Justiça Eleitoral. O projeto de novo Código Eleitoral, com efeito, merece ser explorado

---

181 HANDAR, Yasmin Brehmer. *Direito Penal e financiamento de campanha*. Op. cit. p. 54.

182 MILANEZ, Carlos José Cogo; PIEROBON, Flávio; PAULA, Jônatas Luiz Moreira; GARCIA, Miguel Angelo Aranega (orgs.). *Fundamentos do Direito Eleitoral*. Belo Horizonte: Editora D'Plácido, 2017. pp. 14-16.

considerando a atualização e o verdadeiro protagonismo que atribuiu aos crimes eleitorais.[183]

Some-se a isso o fato de que a grande parte dos problemas estruturais que hoje afetam o Direito Penal Eleitoral derivam, historicamente, da origem de seu principal diploma legal: o Código Eleitoral, que foi editado em 1965 e traz o maior rol de crimes eleitorais esculpidos no ordenamento jurídico. A despeito das muitas reformas legislativas ocorridas nas últimas décadas, os crimes eleitorais nunca foram mote de uma racionalização e sistematização que os adequasse, sobretudo, aos princípios da Constituição Federal de 1988.[184]

Por fim, o capítulo ainda tratará das peculiaridades que podem desbordar da pactuação de um acordo de não persecução penal durante o pleito eleitoral. Em especial, pretende-se adentrar nos efeitos políticos e midiáticos da divulgação do acordo e da confissão do acusado; no papel atribuído ao Ministério Público Eleitoral nesse contexto; nos meios disponíveis para limitação ou controle da atuação do órgão de acusação quando constatados eventuais excessos. A identificação das problemáticas a serem enfrentadas com mais profundidade no capítulo final deste livro.

2.1 A aplicabilidade dos institutos da justiça (penal) consensual no processo (penal) eleitoral

Inexiste no ordenamento jurídico brasileiro um diploma legal que verdadeiramente sistematize o Direito Processual Eleitoral

---

183 Conforme apontam Fernando Neisser e Pierpaolo Bottini. Cf. NEISSER, Fernando; BOTTINI, Pierpaolo. *A hora do Direito Penal Eleitoral.* Poder360, 29 de agosto de 2021. Disponível em: <https://www.poder360.com.br/opiniao/a-hora-do-direito-penal-eleitoral-escrevem-pierpaolo-bottini-e-fernando-neisser/>. Acesso em 30/01/2022.

184 PIEDADE, Antonio Sergio Cordeiro; SOUSA, Leandro Cordeiro; CIPRIANO, Waleska Roberta Rodrigues. *Tutela penal eleitoral: a necessidade de traçar um novo paradigma para a formulação dos tipos penais na esfera eleitoral.* In: FUX, Luiz; PEREIRA, Luiz Fernando Casagrande; AGRA, Walber de Moura (Coord.); PECCININ, Luiz Eduardo (Org.). Tratado de Direito Eleitoral, v.8: Direito Penal e Processo Penal Eleitoral. Belo Horizonte: Fórum, 2018, p. 114.

(num sentido amplo),[185] ou o Processo Penal Eleitoral (em seara mais concentrada).[186] O termo, em si, é controvertido, na medida em que "processo eleitoral"

> significa a um só tempo: (i) exercício da relação processual no âmbito do Direito Eleitoral; e (ii) o complexo de atos relativos à realização das eleições. A essa segunda acepção ora se confere mais extensão, representando todo o processo (alistamento, filiação partidária, convenções partidárias, registro de candidatos, propaganda eleitoral, votação, apuração e totalização dos votos, proclamação dos resultados e diplomação), ora menor, representando uma ou alguma dessas fases.[187]
>
> Em razão dos limites de abordagem propostos neste subcapítulo, no entanto, todas as referências ao termo "processo eleitoral" dirão respeito à própria atividade judicante da Justiça Eleitoral — a despeito das divergências doutrinárias sobre o tema[188] — sendo, a princípio, desnecessário promover maiores incursões terminológicas.

As regras processuais eleitorais, nesse sentido, encontram-se dispersas pelo Código Eleitoral, pela Lei das Eleições (Lei 9.504/97), pela Lei das Inelegibilidades (Lei 64/1990) e pelas Resoluções editadas pelo Tribunal Superior Eleitoral — aplicando-se,

---

185 Nesse sentido: PELEJA JÚNIOR, Antonio Veloso; BATISTA, Fabrício Napoleão Teixeira. *Direito eleitoral — aspectos processuais, ações e recursos de acordo com a Lei da Ficha Limpa*. Curitiba: Juruá, 2014. pp. 73-74; e BANDEIRA, Maria Paula Pessoa Lopes; SANTOS, Maris Stephany dos. *Da impossibilidade do autorregramento da vontade das partes no processo eleitoral*. In: FUX, Luiz; PEREIRA, Luiz Fernando Casagrande; AGRA, Walber de Moura (Coord.); PECCININ, Luiz Eduardo (Org.). Tratado de Direito Eleitoral, v.6: Direito Processual Eleitoral. Belo Horizonte: Fórum, 2018, p. 283.

186 GONÇALVES, Luiz Carlos dos Santos. *Crimes eleitorais e processo penal eleitoral*. São Paulo: Atlas, 2015. p. 157.

187 LIBERATO, Ludgero. *O alcance do conceito de processo jurisdicional eleitoral no direito brasileiro*. In: FUX, Luiz; PEREIRA, Luiz Fernando Casagrande; AGRA, Walber de Moura (Coord.); PECCININ, Luiz Eduardo (Org.). Tratado de Direito Eleitoral, v.6: Direito Processual Eleitoral. Belo Horizonte: Fórum, 2018, p. 22.

188 Em sentido contrário, por exemplo, Ludgero Liberato defende que "à atividade judicante da Justiça Eleitoral deve-se reservar a expressão 'processo jurisdicional eleitoral". Idem, p. 25. A divisão terminológica, no entanto, parece guardar uma importância secundária nos limites deste estudo.

supletiva e subsidiariamente, o Código de Processo Civil[189] ou o Código de Processo Penal[190] (a depender da matéria em apreço).

A partir dessas particularidades, fica possível depreender o porquê da importância (e das dificuldades dela decorrentes) de se estudar a aplicabilidade dos institutos jurídicos de autocomposição no processo eleitoral. É que, por um lado, as lacunas deixadas ao longo do tempo pela ausência de sistematização do processo eleitoral; e, por outro, a litigiosidade inerente à Justiça Eleitoral, parecem ter propiciado que o Direito (Penal) Eleitoral permanecesse como um nicho pouco explorado no movimento de expansão dos espaços negociais[191] — constatado no capítulo anterior.

Como dito, uma das razões que podem justificar essa — ao menos aparente — deficiência de estruturação e exploração de mecanismos de autocomposição no Direito Eleitoral reside exatamente na falta de um diploma legal que condense as normas aplicáveis ao processo eleitoral. Parece evidente que essa peculiaridade normativa seja, por si só, um empecilho ao desenvolvimento dos institutos consensuais em solo eleitoral, vez que a

---

189 Alguns dispositivos do Código Eleitoral deixam isso claro, a exemplo do: art. 20; art. 27, § 2º; e art. 257. Expressamente o previu a Resolução 23.478/2016 editada pelo Tribunal Superior Eleitoral: Art. 2º, Parágrafo único. A aplicação das regras do Novo Código de Processo Civil tem caráter supletivo e subsidiário em relação aos feitos que tramitam na Justiça Eleitoral, desde que haja compatibilidade sistêmica.

190 Conforme dispõe o art. 364 do Código Eleitoral: Art. 364. No processo e julgamento dos crimes eleitorais e dos comuns que lhes forem conexos, assim como nos recursos e na execução, que lhes digam respeito, aplicar-se-á, como lei subsidiária ou supletiva, o Código de Processo Penal. Importante ressalvar que essa aplicação subsidiária e supletiva do CPP não é isenta de problemas. Especificamente, Luiz Carlos dos Santos Gonçalves aponta que "a relação entre as normas processuais penais eleitorais e o Código de Processo Penal é conflituosa. Diploma antigo, o Código Eleitoral traz indicações que, muitas vezes, discrepam de alterações modernizadoras do Código de Processo Penal, ensejando vivos debates sobre a aplicação ou não da inovação ao ambiente eleitoral." GONÇALVES, Luiz Carlos dos Santos. *Crimes eleitorais e processo penal eleitoral*. São Paulo: Atlas, 2015. p. 157.

191 No mesmo sentido, em abordagem mais direcionada: "Basta um olhar um pouco mais atencioso para perceber que o afastamento da Justiça Eleitoral da nova fase negocial do direito brasileiro redundará em conflitos endógenos no sistema jurídico." RIBEIRO, Carlos Vinícius Alves. *Acordos na Justiça Eleitoral: negócios jurídicos eleitorais*. Belo Horizonte: Fórum, 2020. p. 69.

ausência de normatização concentrada pode agudizar a insegurança jurídica que circunda esses institutos. Mas há mais.[192]

Um fator muito específico verificado na Justiça Eleitoral incrementa esse cenário. Como alternativa às lacunas deixadas pela ausência de sistematização processual, o Tribunal Superior Eleitoral tem desempenhado um papel de verdadeiro protagonismo no âmbito das fontes do Direito Eleitoral, ao avançar cada vez mais[193] no exercício da prerrogativa fixada pelos arts. 1º e 23 do Código Eleitoral:[194] a expedição de resoluções para regulamentar as normas eleitorais.

Assim, é amplamente admitido pela doutrina que a prerrogativa originalmente concebida como um poder regulamentar transformou-se ao longo das décadas em uma espécie de poder normativo,[195] que — ao lado das reformas legislativas — dita os caminhos a serem adotados na jurisdição eleitoral.

---

192 A hipótese não pode ser reduzida a essa premissa, na esteira do que aponta parte da doutrina: "Há quem concorde com a ideia de que há uma insegurança jurídica diante da ausência de um processo eleitoral codificado, pois se ampara em diversas leis esparsas, tal como acontece no Direito Administrativo. Porém a codificação não é o apogeu da concretude para a segurança jurídica, como se quer induzir, pois não há como abranger todas as possíveis hipóteses no âmbito eleitoral". BANDEIRA, Maria Paula Pessoa Lopes; SANTOS, Maris Stephany dos. *Da impossibilidade do autorregramento da vontade das partes no processo eleitoral.* Op. cit. p. 285.

193 Essa percepção de expansão é dogmaticamente bastante recorrente e pode ser resumida da seguinte forma: "Eventualmente, seja por incluir sua jurisprudência, seja por inovar em relação ao que o legislador previu (ou não previu, no caso de omissão), o TSE avança e produz atos normativos primários, que visivelmente escapam do poder regulamentar, configurando autêntico poder normativo (...)". MACEDO, Elaine Harzheim; SOARES, Rafael Morgental. *O poder normativo da Justiça Eleitoral e a separação de poderes: um paradigma democrático?* In: VITA, Jonathan Barros; MALISKA, Marcos Augusto (coord.). Direitos Fundamentais e Democracia II. Florianópolis: CONPEDI, 2014. p. 274.

194 Art. 1º Este Código contém normas destinadas a assegurar a organização e o exercício de direitos políticos precipuamente os de votar e ser votado. Parágrafo único. O Tribunal Superior Eleitoral expedirá Instruções para sua fiel execução.

Art. 23 – Compete, ainda, privativamente, ao Tribunal Superior, (...) IX – expedir as instruções que julgar convenientes à execução deste Código.

195 Cf. DUARTE, Michelle Pimentel. *Processo Judicial Eleitoral: jurisdição e fundamentos para uma teoria geral do processo judicial eleitoral.* Curitiba: Juruá, 2016. p. 47; ALMEIDA NETO, Manoel Carlos. *Direito eleitoral regulador.* São Paulo: Revista dos Tribunais, 2014. pp. 110 e ss.; SALGADO, Eneida Desiree. Princípios constitucionais eleitorais. Belo Horizonte: Fórum, 2015. pp. 252 e ss.

Foi no cumprimento dessa função regulamentar com traços normativos que o Tribunal Superior Eleitoral expediu a Resolução 23.478/2016[196] e forneceu um importante indicativo para o presente estudo, no que toca ao incentivo (ou não, como se verá) para uso de meios de autocomposição no Direito Eleitoral. Isso porque, no art. 11 da referida Resolução, assim dispôs o Tribunal Superior Eleitoral:

> Art. 11. Na Justiça Eleitoral não é admitida a autocomposição, não sendo aplicáveis as regras dos arts. 190 e 191 do Novo Código de Processo Civil.

Ou seja, ao regulamentar a aplicabilidade das disposições do Código de Processo Civil de 2015 à Justiça Eleitoral, o TSE expressamente consignou não ser admitida a autocomposição esculpida pelos arts. 190 e 191 do CPC.[197]

Num primeiro momento, o dispositivo desperta a atenção porquanto — guardadas as críticas ou elogios aos métodos de autocomposição na resolução de conflitos — a expansão da justiça consensual na prática jurídica brasileira é inegável.[198] O Direito Eleitoral está inserido neste contexto[199] e, ao que nos parece, não pode tão somente existir uma recusa para a absorção dos mecanismos decorrentes deste paradigma consensual

---

[196] Estabelece diretrizes gerais para a aplicação da Lei 13.105, de 16 de março de 2015 — Novo Código de Processo Civil —, no âmbito da Justiça Eleitoral. Disponível em: <https://www.tse.jus.br/legislacao/codigo-eleitoral/normas-editadas-pelo-tse/resolucao-no-23-478-de-10-de-maio-de-2016-2013-brasilia-2013-df>. Acesso em 19/02/2022.

[197] Art. 190. Versando o processo sobre direitos que admitam autocomposição, é lícito às partes plenamente capazes estipular mudanças no procedimento para ajustá-lo às especificidades da causa e convencionar sobre os seus ônus, poderes, faculdades e deveres processuais, antes ou durante o processo.

Art. 191. De comum acordo, o juiz e as partes podem fixar calendário para a prática dos atos processuais, quando for o caso.

[198] Essa constatação é uma conclusão sintética de todo o quanto exposto no Capítulo 1 deste trabalho.

[199] O paradigma consensual, guardadas as proporções e o risco de anacronismo histórico, padece encontrar respaldo nos objetivos do constituinte originário esculpidos no preâmbulo e no art. 3º, I, da Constituição Federal, no que toca à "solução pacífica das controvérsias" e à construção de uma sociedade "livre, justa e solidária". Por isso, é tão importante se debruçar mais profundamente sobre as razões pelas quais a Justiça Eleitoral negou aplicabilidade ao instituto da autocomposição na esfera cível-eleitoral.

(ao menos não sem uma investigação e justificativa concretas que retirem a Justiça Eleitoral da tendência constatada nas demais searas jurídicas).

Uma hipótese levantada pela doutrina acerca da impossibilidade de aplicação do instituto da autocomposição no âmbito cível-eleitoral diria respeito à própria natureza jurídica do processo eleitoral (aqui, em sentido amplo de viabilização do sufrágio[200]). Isso se justificaria pela "indisponibilidade do bem jurídico tutelado, isto é, o processo eleitoral está calcado na defesa da legitimidade e da lisura do processo com fim de coibir ilícitos eleitorais, preservando, assim, a realização da soberania popular e suas implicações".[201] Para esta corrente doutrinária, como indicado na citação destacada, o fato de a seara eleitoral estar cercada por direitos indisponíveis impediria a liberdade processual de negociação das partes.[202]

Essa justificativa, no entanto, não parece se sustentar por si só diante da prática verificada na Justiça Eleitoral — o que, inclusive, torna a opinião acima explorada francamente minoritária. É que, como demonstrou Fernando Neisser, a referência genérica ao bem jurídico da lisura das eleições, por evidente, permeia todo o processo e o pleito eleitorais:

> em regra, todo o controle levado a cabo pela Justiça Eleitoral, pretendem, em última análise, proteger a Democracia e a legitimidade das eleições. Mais do que um bem jurídico, trata-se, em verdade, de um vetor axiológico que orienta todas as ações de controle e incentivo adotadas neste âmbito.[203]
>
> Logo, continua Neisser, a lisura das eleições e a preservação da democracia não podem servir individual e exclusivamente como bem jurídico protegido em todas as condutas praticadas

---

[200] GOMES, José Jairo. *Direito Eleitoral*. São Paulo: Atlas, 2018. p. 507 e ss.

[201] BANDEIRA, Maria Paula Pessoa Lopes; SANTOS, Maris Stephany dos. *Da impossibilidade do autorregramento da vontade das partes no processo eleitoral*. Op. cit. p. 285.

[202] Idem. p. 285.

[203] NEISSER, Fernando Gaspar. *Crimes eleitorais e controle material da propaganda eleitoral: necessidade e utilidade da criminalização da mentira na política*. Dissertação (Doutorado em Direito) — Faculdade de Direito, Universidade de São Paulo. São Paulo, 2014.p. 125.

> no âmbito (penal) eleitoral[204] — em razão, acima de tudo, de sua abrangência e amplitude. A despeito da inegável importância supraindividual do princípio democrático, a presunção de que a autocomposição entre as partes no âmbito de um processo eleitoral afetará, por si só, o bem jurídico aventado pode desencadear um salto argumentativo que não se confirma na prática.

Adentrando com mais profundidade no Direito Penal Eleitoral, é possível localizar bons exemplos da aplicabilidade (aparentemente incontestável) de mecanismos consensuais nesta seara. É o caso dos institutos despenalizadores trazidos pela Lei 9.099/1995 (suspensão condicional do processo, transação penal e composição civil dos danos), que já foram explorados no tópico 1.1. É que, após as alterações promovidas pela Lei 11.313/2006, retirou-se da redação do art. 61 da Lei dos Juizados Especiais a vedação de aplicação das regras ali previstas aos crimes com procedimento especial — como é o caso dos crimes eleitorais.[205]

Aliás, o próprio Tribunal Superior Eleitoral — por meio das Resoluções 23.396/2013 e 23.640/2021 — incorporou expressamente o conceito de crimes de menor potencial ofensivo (e, por consectário, o rito sumaríssimo e os institutos consensuais previstos na Lei dos Juizados Especiais) ao dispor que "quando a infração penal for de menor potencial ofensivo, a autoridade

---

[204] "Mas o princípio democrático pela amplitude de sentidos que abarca não se presta a servir de bem jurídico para todo e qualquer delito que se possa conceber. Uma tentativa de golpe de Estado, com a derrubada do governo democraticamente eleito, representa ameaça a este princípio; tal qual, em outra escala, representa o mesário que se recusa a cumprir o serviço eleitoral para o qual foi convocado, reduzindo a eficiência da votação em sua seção eleitoral. Afetam este princípio tanto as condutas de impedir de modo desarrazoado que um candidato obtenha seu registro eleitoral quanto o descadastramento ilícito de eleitor. Igualmente, a compra de votos, a coação eleitoral, a fraude na contagem dos votos, o uso da máquina pública, o abuso do poder econômico e o uso indevido dos meios de comunicação social são condutas que afetam, em graus e por vieses distintos, o princípio democrático". Idem. p. 126.

[205] BARROS, Francisco Dirceu; LEITE, Janiere Portela. *Análise da possibilidade de aplicar os institutos do juizado especial criminal aos crimes eleitorais (Parte 01)*. GenJurídico, 14 de janeiro de 2016. Disponível em: <http://genjuridico.com.br/2016/01/14/analise-da-possibilidade-de-aplicar-os-institutos-do-juizado-especial-criminal-aos-crimes-eleitorais-parte-01/>. Acesso em 27/02/2022.

policial elaborará termo circunstanciado de ocorrência e providenciará o encaminhamento ao Juiz Eleitoral".[206]

Ou seja, por um lado o TSE vedou os mecanismos de autocomposição no âmbito cível da Justiça Eleitoral; por outro, vem admitido a aplicabilidade de institutos de natureza consensual no âmbito penal eleitoral.

Na mesma toada, Luiz Carlos dos Santos Gonçalves esclarece que "aplica-se, aos crimes eleitorais, a Lei 9.099/1995, que estabelece figuras de transação penal, art. 72, e suspensão condicional do processo, art. 89".[207] O autor destaca, no entanto, a inexistência de um "juizado especial criminal eleitoral", de modo que é do juízo eleitoral (e do Ministério Público Eleitoral, por evidente) a competência para aplicar esses mecanismos.[208]

Percorrendo uma abordagem individualizada dos institutos, será analisada em primeiro lugar a transação penal no âmbito eleitoral. Importante notar que, por força do disposto no art. 355 do Código Eleitoral,[209] todos os delitos eleitorais são de ação pública incondicionada.[210] Logo, "salvo nas hipóteses de crimes conexos aos eleitorais, eventual proposta de transação, em relação às infrações eleitorais, não exige representação ou manifestação da vítima".[211]

Em relação à suspensão condicional do processo pela perspectiva eleitoral, Kelsen de França Magalhães indica que o requisito

---

206 Texto contido no art. 7º, § 8º da Resolução TSE 23.396/2013 e no art. 8º, § 4º da Resolução TSE 23.640/2021. Ambas dispõem sobre a apuração de crimes eleitorais, sendo que a Resolução editada em 2021 revogou a de 2013. Disponível em: <https://www.tse.jus.br/legislacao/compilada/res/2021/resolucao-no-23-640-de-29-de-abril-de-2021>. Acesso em 27/02/2022.

207 GONÇALVES, *Luiz Carlos dos Santos*. Crimes eleitorais e processo penal eleitoral. São Paulo: Atlas, 2015. pp. 169-170.

208 Idem. p. 170.

209 Art. 355. As infrações penais definidas neste Código são de ação pública.

210 "Como os crimes eleitorais afetam justamente àquelas lisura e legitimidade [do processo eleitoral], é inafastável a atuação do *parquet* na sua persecução. É por essa razão que, de forma até exagerada, todos os crimes eleitorais são de ação penal pública (...)". Idem, p. 158.

211 MAGALHÃES, Kelsen de França. *Aplicabilidade das leis 9.099/95 e 10.259/2001 aos crimes eleitorais.* In: FUX, Luiz; PEREIRA, Luiz Fernando Casagrande; AGRA, Walber de Moura (Coord.); PECCININ, Luiz Eduardo (Org.). Tratado de Direito Eleitoral, v.8: Direito Penal e Processo Penal Eleitoral. Belo Horizonte: Fórum, 2018. p. 126.

abstrato para aplicação da suspensão condicional é que o crime possua pena mínima que não exceda um ano,

> sendo cristalina sua confluência sobre crimes eleitorais quando a medida não for utilizada para descaracterizar pena especial diversa da que visa elidir o instituto e desde que, afigurando-se compatível com o sistema punitivo adotado pelo tipo eleitoral, não haja ressalva em sentido contrário.[212]
>
> A ressalva feita pelo autor diz respeito aos crimes eleitorais que possuem um sistema punitivo especial, como é o caso — a título de exemplo — dos delitos previstos no art. 334 do Código Eleitoral[213] e no art. 11, inciso V, da Lei 6.091/74,[214] cujas penas extrapolam as de liberdade ou multa, para também refletir sobre o cancelamento ou cassação do registro eleitoral de candidatos.[215] Nesses casos, a suspensão condicional do processo (ou mesmo a transação penal) não podem ser aplicados sob o risco de "frustrar punição voltada especificamente aos candidatos envolvidos em tais práticas e, com isso, desprezar penalidade especialmente prevista para essas situações, burlando o propósito da lei".[216]

Fato é que, a despeito das peculiaridades e exceções identificadas, não há expressiva resistência doutrinária — e muito menos jurisprudencial, já que o instituto é utilizado largamente na Justiça Eleitoral — para aplicação da transação penal e da suspensão condicional do processo aos crimes eleitorais. Aliás, a doutrina aponta que cerca de 60% dos crimes eleitorais são compatíveis com algum desses institutos despenalizadores.[217]

---

212 Idem. p. 123.

213 Art. 334. Utilizar organização comercial de vendas, distribuição de mercadorias, prêmios e sorteios para propaganda ou aliciamento de eleitores: Pena – detenção de seis meses a um ano e cassação do registro se o responsável for candidato.

214 Art. 11. Constitui crime eleitoral: V – utilizar em campanha eleitoral, no decurso dos 90 (noventa) dias que antecedem o pleito, veículos e embarcações pertencentes à União, Estados, Territórios, Municípios e respectivas autarquias e sociedades de economia mista: Pena – cancelamento do registro do candidato ou de seu diploma, se já houver sido proclamado eleito.

215 Idem. pp. 123-124.

216 Idem. p. 124.

217 Idem. p. 128.

Por fim, em relação à composição civil de danos, embora — *a priori* — seja possível sua aplicação a parte dos crimes eleitorais, não há registros na jurisprudência eleitoral sobre a utilização do instituto. É muito provável, como aponta parte da doutrina, que a ausência de aplicabilidade diga respeito à especificidade de que, sendo os crimes eleitorais de ação pública incondicionada, os bens jurídicos ali tutelados possuem natureza muito mais supraindividual e de tutela de interesses não materializáveis (como a lisura das eleições e a democracia), dificultando uma reparação voltada a interesses de indivíduos específicos.[218]

Dito isso, nota-se que a relevância da análise sobre a aplicabilidade da Lei 9.099/1995 no Direito Penal Eleitoral está diretamente vinculada ao perfil dos delitos eleitorais esculpidos, sobretudo, no Código Eleitoral e na Lei das Eleições. Isso porque, conforme explicam Fernando Neisser e Pierpaolo Cruz Bottini:

> Historicamente o Direito Eleitoral enxergava no Direito Penal, se não a única, a mais usual forma de orientar condutas. Desde o Código Eleitoral de 1932, passando pelo de 1965, dezenas de tipos penais se acumulavam de forma pouco sistemática, imprecisa e, muitas vezes, desproporcional.
>
> Condutas sem a mínima dignidade penal –como furar fila no dia da votação– estavam emparelhadas com outras de significativa gravidade, como o uso da máquina pública em prol de uma candidatura, com penas muitas vezes irrisórias.

---

[218] Na esteira do que defende Kelsen de França Magalhães, "não se podem ignorar as dificuldades existentes na celebração das composições civis em relação às infrações eleitorais, primeiro porque na maioria destas tal mecanismo não se afigura aplicável, quer em razão de sua incompatibilidade com boa parte dos tipos penais eleitorais, quer em razão da dificuldade na identificação dos tipos penais eleitorais compatíveis com tal instituto. Um segundo obstáculo à celebração de composições civis em matéria eleitoral é que na ocorrência de crimes eleitorais de menor potencial dificilmente o sujeito passivo "secundário" é chamado a participar da audiência preliminar e, estando ausente a vítima que suportou o prejuízo, fica impossível a celebração de qualquer acordo. (...) Entretanto, não é apenas possível como desejável que tal instituto seja aplicável aos crimes eleitorais com ele compatíveis, como já indicado." Idem. pp. 130-135.

Assim como se viu em outros campos, aos poucos, especialmente ao longo dos anos 90, percebeu-se que havia canais mais ágeis e eficientes para impor sanções àqueles que se envolviam em práticas indesejáveis. As multas, a cassação de registros, diplomas ou mandatos e a inelegibilidade, sempre processadas fora do âmbito criminal, tornaram-se a via preferencial. Centenas de políticos eleitos perderam seus mandatos, acumularam milhões de reais em multas eleitorais e viram-se alijados de futuras eleições, tudo sem a necessidade de invocar o Direito Penal.

O próprio Ministério Público Eleitoral, detentor exclusivo da atribuição de oferecer a denúncia no âmbito eleitoral, muitas vezes opta por litigar apenas no espaço não criminal, contribuindo para que os crimes eleitorais, como apontado antes, ocupem uma posição de pequena importância.[219]

Esses delitos estão conectados, em grande maioria, a penas de menor gravidade e — aliando-se à falta de atualização e sistematização dos delitos penais eleitorais — ocuparam por muitas décadas um papel pouco expressivo no debate dogmático penal. Mas essa perspectiva passou por forte transformação, de modo mais intenso a partir do ano de 2019.

Especificamente, 2019 foi o ano em que o plenário do Supremo Tribunal Federal julgou a questão de ordem no Inquérito 4.435/DF[220] e definiu, de modo expresso e confirmando precedentes históricos, a competência da Justiça Eleitoral para julgar os crimes eleitorais e os comuns que lhe forem conexos, observando a inteligência dos arts. 109, IV, e 121 da Constituição

---

219 NEISSER, Fernando; BOTTINI, Pierpaolo. *A hora do Direito Penal Eleitoral*. Poder360, 29 de agosto de 2021. Disponível em: <https:/www.poder360.com.br///opiniao/a-hora-do-direito-penal--eleitoral-escrevem-pierpaolo-bottini-e-fernando-neisser/>. Acesso em 28/02/2022.

220 COMPETÊNCIA — JUSTIÇA ELEITORAL — CRIMES CONEXOS. Compete à Justiça Eleitoral julgar os crimes eleitorais e os comuns que lhe forem conexos — inteligência dos arts. 109, inciso IV, e 121 da Constituição Federal, 35, inciso II, do Código Eleitoral e 78, inciso IV, do Código de Processo Penal. (Inq 4435 AgR-quarto, Relator: Ministro MARCO AURÉLIO, Tribunal Pleno, julgado em 14/03/2019, publicado em 21/08/2019).

Federal,[221] 35, II do Código Eleitoral[222] e 78, IV do Código de Processo Penal.[223]

Este marco jurisprudencial ganhou notável relevância na medida em que o Processo Penal brasileiro vivia o momento dos maxiprocessos,[224] protagonizado pela Operação Lava Jato. Nessa perspectiva, "parte significativa dos inquéritos policiais e das ações penais — não apenas da Lava Jato, mas também de diversas operações relacionadas ao enfrentamento da corrupção — lidava com suspeitas ou acusações de desvios de verbas públicos que, em uma medida ou outra, tinham por destino, mesmo que parcial, o financiamento da atividade política".[225]

E, na esteira do fixado pela jurisprudência do Supremo Tribunal Federal (consolidado no Informativo 895 do STF), a doação eleitoral por meio de "caixa 2" é uma conduta que configura crime eleitoral de falsidade ideológica (art. 350 do Código Eleitoral[226]). Assim, a competência para processar e julgar este delito é da Justiça Eleitoral, bem como dos crimes eventualmente conexos.[227]

---

221 Art. 109. Aos juízes federais compete processar e julgar: (...) IV – os crimes políticos e as infrações penais praticadas em detrimento de bens, serviços ou interesse da União ou de suas entidades autárquicas ou empresas públicas, excluídas as contravenções e ressalvada a competência da Justiça Militar e da Justiça Eleitoral.
Art. 121. Lei complementar disporá sobre a organização e competência dos tribunais, dos juízes de direito e das juntas eleitorais.

222 Art. 35. Compete aos juízes: (...) II – processar e julgar os crimes eleitorais e os comuns que lhe forem conexos, ressalvada a competência originária do Tribunal Superior e dos Tribunais Regionais.

223 Art. 78. Na determinação da competência por conexão ou continência, serão observadas as seguintes regras: (...) IV – no concurso entre a jurisdição comum e a especial, prevalecerá esta.

224 SANTORO, Antonio Eduardo Ramires. *A conformação ideológica dos movimentos de reforma processual penal no Brasil.* In: LEMOS, Bruno Espiñeira; GONÇALVES, Carlos Eduardo; QUINTIERE, Víctor Minervino. Comentários críticos às principais reformas penais brasileiras. Belo Horizonte: Editora D'Plácido, 2019. p. 87.

225 NEISSER, Fernando; BOTTINI, Pierpaolo. *A hora do Direito Penal Eleitoral.* Op. cit.

226 Art. 350. Omitir, em documento público ou particular, declaração que dêle devia constar, ou nele inserir ou fazer inserir declaração falsa ou diversa da que devia ser escrita, para fins eleitorais: Pena – reclusão até cinco anos e pagamento de 5 a 15 dias-multa, se o documento é público, e reclusão até três anos e pagamento de 3 a 10 dias-multa se o documento é particular. Parágrafo único. Se o agente da falsidade documental é funcionário público e comete o crime prevalecendo-se do cargo ou se a falsificação ou alteração é de assentamentos de registro civil, a pena é agravada.

227 LOPES, Alessandro dos Santos. *Competência criminal da Justiça Eleitoral: análise sobre crimes*

Com as manifestações do Supremo Tribunal Federal acerca da competência para julgamentos dos crimes conexos aos eleitorais e da configuração (ainda que em potencial) do delito de falsidade ideológica eleitoral a partir de doações por meio de "caixa 2", inúmeros processos de natureza complexa (e que detinham atenção midiática[228]) tiveram a competência transferida para a jurisdição eleitoral. A Justiça Eleitoral, a partir de então, passou a ter um contato mais expressivo com crimes como corrupção ativa e passiva, organização criminosa, lavagem de capitais, etc.[229]

A transferência de competência levou à Justiça Eleitoral outra peculiaridade presente no universo dos maxiprocessos: as colaborações premiadas. Isso fez, inclusive, com que diversos Tribunais Regionais Eleitorais do país[230] editassem resoluções com a criação de zonas eleitorais específicas "incumbidas de processar e julgar, de forma especializada, crimes eleitorais conexos (...) e os pedidos de colaboração premiada e de cooperação jurídica passiva em matéria penal",[231] com amparo no art. 1º da Resolução TSE 23.618, de 7 de maio de 2020:[232]

> Art. 1º Os Tribunais Regionais Eleitorais poderão designar por Resolução 1 (uma) ou mais zonas eleitorais específicas

---

comuns conexos aos crimes eleitorais frente ao entendimento do Supremo Tribunal Federal. Revista Eletrônica Eleições & Cidadania do TRE-PI, Volume 1, Número 1, 2020. p. 19.

228 Para uma incursão aprofundada sobre o tema, ver: CASARA, Rubens. *O processo penal do espetáculo: ensaios sobre o poder penal, a dogmática e o autoritarismo na sociedade brasileira.* Florianópolis: Empório do Direito, 2015.

229 NEISSER, Fernando; BOTTINI, Pierpaolo. *A hora do Direito Penal Eleitoral.* Op. cit.

230 A título exemplificativo, o TRE do Rio Grande do Sul editou a Resolução TRE-RS 326/2019, o TRE da Bahia editou a Resolução TRE-BA 6/2019, o TRE do Maranhão editou a Resolução TRE-MA 9.755/2020, do Paraná editou a Resolução TRE-PR 834/2019, o TRE do Mato Grosso do Sul editou a Resolução TRE-MS 676/2020, o TRE do Tocantins editou a Resolução TRE-TO 511/2021, o TRE do Ceará editou a Resolução TRE-CE 829/2021, entre outros.

231 BARCELOS, Guilherme. *A jurisdição penal eleitoral entre a normatividade constitucional e o "canto aa sereia": competência e composição da Justiça Eleitoral brasileira após a decisão do STF nos autos do inquérito 4435.* Florianópolis: Resenha Eleitoral. v. 23, n. 2, 2019. p. 141.

232 "Dispõe sobre a designação de zona(s) eleitoral(is) específica(s) para processamento e julgamento das infrações penais comuns contidas na decisão do Supremo Tribunal Federal nos autos do INQ nº 4435/DF, quando conexas a crimes eleitorais e dá outras providências". Disponível em: <https://www.tse.jus.br/legislacao/compilada/res/2020/resolucao-no-23-618-de-7-de-maio-de-2020>. Acesso em 02/03/2022.

para processamento e julgamento dos crimes comuns conexos com crimes eleitorais, nos termos da decisão do STF no INQ nº 4435/DF, independentemente do caráter transnacional ou não das infrações penais.

§ 1º A designação específica abrangerá o processamento e julgamento dos feitos que tenham por objeto os crimes previstos no caput, tais como inquéritos, procedimentos preparatórios, ações penais, medidas cautelares ou incidentais, autos de prisão em flagrante e audiências de custódia, mandados de segurança, habeas corpus, pedidos de colaboração premiada e de cooperação jurídica em matéria penal ou expedição de carta rogatória.

Vale dizer, ainda no que toca ao crescimento da importância da colaboração premiada diante da Justiça Eleitoral, que — nos casos de declínio de competência — a jurisprudência se orientou no sentido de que os atos investigatórios praticados pelo juízo anterior, via de regra, podem ser aproveitados pelo juízo eleitoral, incluída a homologação de acordos (e respeitadas, é claro, as peculiaridades de cada caso concreto).[233]

É digno de nota que o Inquérito 4.435/DF — o qual desencadeou o precedente paradigmático sobre a competência eleitoral — foi instaurado a partir de elementos colhidos em acordos de colaboração premiada firmada com membros do Grupo Odebrecht.[234] A despeito da escassa produção bibliográfica específica sobre o tema, é inegável a importância que esse instituto negocial adquiriu perante a jurisdição eleitoral.

Por todo o exposto, é seguro dizer que os mecanismos decorrentes da justiça consensual (incluídos aí os oriundos da

---

233 "(...) mesmo sendo caso de incompetência absoluta, aproveitam-se os atos investigatórios, de oferecimento da denúncia e dos alusivos à eventual instrução processual, sendo possível a ratificação dos atos decisórios praticados, como está pacificado no âmbito dos Tribunais Superiores já há algum tempo." PINHEIRO, Igor Pereira. *Crimes Eleitorais e conexos: aspectos materiais e processuais.* São Paulo: JH Mizuno, 2020. p. 149.

234 LOPES, Alessandro dos Santos. *Competência criminal da Justiça Eleitoral: análise sobre crimes comuns conexos aos crimes eleitorais frente ao entendimento do Supremo Tribunal Federal.* Op. cit. p. 20.

justiça negocial) possuem aplicabilidade no Direito e no Processo Penal Eleitoral, a despeito da ausência de uma sistematização clara sobre a aplicabilidade dos institutos, da aparente contradição residente na não absorção expressa dos mecanismos consensuais no âmbito cível-eleitoral e da insegurança jurídica que decorre deste contexto.

A constatação sobre a aplicabilidade dos institutos consensuais no âmbito penal eleitoral, no entanto, não afasta a premissa de que se está a lidar a todo momento com direitos fundamentais indisponíveis (seja pela perspectiva da lisura das eleições, seja em relação à fundamentalidade dos direitos políticos[235]) — fator que torna imperiosa uma reflexão aprofundada acerca dos impactos e das precauções que devem acompanhar a utilização desses mecanismos no âmbito penal eleitoral.

Esses aspectos serão explorados no tópico seguinte, ao lado das inovações trazidas pelo acordo de não persecução penal e das reflexões que decorrem do instituto, quando inserido — sobretudo — na perspectiva do novo momento vivido pelo Direito Penal Eleitoral.

2.2 Acordo de não persecução penal na Justiça Eleitoral: a crescente importância dos crimes eleitorais e conexos

O marco jurisprudencial fixado pelo Supremo Tribunal Federal em 2019 atraiu um protagonismo inédito para os crimes eleitorais e, especialmente, para o funcionamento da Justiça Penal Eleitoral, que passou a se deparar com investigações e com a instrução de processos que envolvem corrupção, lavagem de dinheiro, organização criminosa, entre outros delitos que potencialmente atraem a atenção midiática e social.

---

235 Esse viés será explorado com maior ênfase no tópico 3.3 deste trabalho.

Antes disso, conforme identificou Luiz Carlos dos Santos Gonçalves, era comum que grande parcela da advocacia e dos operadores do Direito Eleitoral lidassem com "certa indiferença, quando não desconforto, com a normativa penal eleitoral", porquanto compreendiam que as sanções cíveis e políticas seriam suficientes para a intervenção judicial na esfera eleitoral.[236] E essa perspectiva não era de todo desmotivada, já que:

> Se o propósito é valorizar esse tipo de intervenção estatal, o quadro atual de tipos penais não ajuda muito. A maioria dos crimes previstos no Código Eleitoral poderia ser revogada sem maiores consequências, isso quando a mera incompatibilidade com a Constituição de 1988 não é perceptível *icto oculi*, acarretando sua não recepção. São figuras mal redigidas, com descrições vagas, fixando penas ínfimas para situações desimportantes, com clara vocação autoritária.
>
> Podemos culpar o legislador de 1965, pois, afinal, estávamos numa ditadura militar. A atividade mais recente do legislador, porém, não é muito diferente. As leis de reforma eleitoral têm trazidos novos tipos penais sem muita cautela ou método.[237]

Nesse sentido, um movimento de renovação e de crescente importância do Direito Penal Eleitoral começou a ser verificado (ainda que mais timidamente) desde meados de 2010, com a edição da Lei Complementar 135/2010 — que trouxe modificações significativas à Lei das Inelegibilidades e fez com que as atenções se voltassem ao Direito Penal Eleitoral com maior cautela.[238] Isso porque, as alterações ali promovidas permitiram que a condenação (por meio de decisão colegiada) a crimes eleitorais cominados

---

236 GONÇALVES, Luiz Carlos dos Santos. *A crise de confiança no sistema de Justiça Eleitoral e o que os tipos penais eleitorais podem fazer a respeito.* In: FUX, Luiz; PEREIRA, Luiz Fernando Casagrande; AGRA, Walber de Moura (Coord.); PECCININ, Luiz Eduardo (Org.). Tratado de Direito Eleitoral, v.8: Direito Penal e Processo Penal Eleitoral. Belo Horizonte: Fórum, 2018. p. 53.

237 Idem. pp. 53-54.

238 Idem. p. 54.

com pena privativa de liberdade[239] — excetuados o de menor potencial ofensivo — atraísse a inelegibilidade de candidatos.[240]

Contribuindo com o crescimento da importância dedicada aos crimes eleitorais e, num viés mais específico, à condenação criminal de agentes políticos, a doutrina identifica outros dois marcos decisivos: *i)* a relevância social e jurídica adquirida pelo julgamento da Ação Penal 470 pelo Supremo Tribunal Federal (o caso "Mensalão), notadamente a partir de 2012;[241] e *ii)* as proporções alcançadas pela Operação Lava Jato que — dentre tantos aspectos — descortinou a relação (não automática, obviamente) existente entre doações eleitorais e pagamentos de vantagens indevidas a políticos.[242]

É deste ponto que emerge um debate que parecia estar latente no âmbito penal eleitoral: o alcance do tipo esculpido no art. 350 do Código Eleitoral para caracterizar as condutas compreendidas como "caixa dois eleitoral", bem como a necessidade da criminalização autônoma dessa conduta.[243] Esse aspecto — aliado ao já

---

239 É o que dispõe o art. 1º, I, e, 4 da Lei 64/1990.
Art. 1º São inelegíveis: I – para qualquer cargo: (...)
e) os que forem condenados, em decisão transitada em julgado ou proferida por órgão judicial colegiado, desde a condenação até o transcurso do prazo de 8 (oito) anos após o cumprimento da pena, pelos crimes: (...)
4. eleitorais, para os quais a lei comine pena privativa de liberdade; (Incluído pela Lei Complementar nº 135, de 2010).
§ 4º A inelegibilidade prevista na alínea e do inciso I deste artigo não se aplica aos crimes culposos e àqueles definidos em lei como de menor potencial ofensivo, nem aos crimes de ação penal privada.

240 CARVALHO, Volgane Oliveira. *Manual das inelegibilidades*. 2. ed. Curitiba: Juruá, 2018. pp. 170 e ss.

241 Uma linha do tempo que envolve os principais fatos ocorridos no julgamento da AP 470 pode ser consultada em: <https://direitosp.fgv.br/ap47>. Acesso em 28/01/2022.

242 LEITE, Alaor; TEIXEIRA, Adriano. *Financiamento de partidos políticos, caixa dois eleitoral e corrupção.* In: In: LEITE, Alaor; TEIXEIRA, Adriano (Org). Crime e Política. Rio de Janeiro: FGV Editora, 2017, p. 137.

243 O tema foi explorado por Alaor Leite e Adriano Teixeira em LEITE, Alaor; TEIXEIRA, Adriano. *Financiamento de partidos políticos, caixa dois eleitoral e corrupção.* Op. cit. e na pesquisa de monografia desenvolvida por esta autora. In: HANDAR, Yasmin Brehmer. *Direito Penal e financiamento de campanha: uma análise sobre a proposta de criminalização autônoma das doações irregulares e do caixa dois eleitoral.* Monografia (Graduação em Direito), Universidade Federal do Paraná. Paraná, 2018.

explorado julgamento da questão de ordem no Inquérito 4.435/ DF[244] pelo Supremo Tribunal Federal (que confirmou a competência da Justiça Eleitoral para julgar os crimes eleitorais e os comuns que lhe forem conexos) — lançaram os holofotes midiáticos sobre a Justiça Eleitoral[245] e, pode-se dizer com segurança, marcaram o novo momento do Direito Penal Eleitoral.

Todas essas condicionantes acabaram por escancarar que "a produção legislativa afeta aos crimes eleitorais não teve a devida sistematização, muito menos retirou da Constituição Federal o seu alicerce".[246] O desconforto decorrente da ausência de sistematização (ou mesmo atualização) do Direito Penal Eleitoral — somado a demandas mais abrangentes dos operadores da Justiça Eleitoral — culminaram, em 2021, na apresentação do Projeto de Lei Complementar 112/21 da Câmara dos Deputados, consistente na proposta de um novo Código Eleitoral:[247]

> O Projeto de Lei Complementar 112/21consolida toda a legislação eleitoral, hoje tratada em diversas leis e resoluções do Tribunal Superior Eleitoral (TSE), em um único Código Eleitoral. O texto de 902 artigos é resultado do grupo de trabalho de reforma da legislação eleitoral e tem como autora a deputada Soraya Santos (PL-RJ), vice-presidente do grupo, juntamente com outros sete deputados.
>
> Além de unir em um só texto toda as regras — partidos, eleições, inelegibilidades, propaganda eleitoral, financiamento de

---

[244] Inq 4435 AgR-quarto, Relator: Ministro MARCO AURÉLIO, Tribunal Pleno, julgado em 14/03/ 2019, publicado em 21/08/2019.

[245] LLONA, Gabriel Borges. *Justiça Eleitoral está preparada para julgar crimes conexos*. Revista Consultor Jurídico. 26 de maio de 2020. Disponível em: <https://www.conjur.com.br/2020-mai-26/gabriel-llona-julgamento-crimes-comuns-conexos-eleitorais>. Acesso em 01/03/2022.

[246] PIEDADE, Antonio Sergio Cordeiro; SOUSA, Leandro Cordeiro; CIPRIANO, Waleska Roberta Rodrigues. *Tutela penal eleitoral: a necessidade de traçar um novo paradigma para a formulação dos tipos penais na esfera eleitoral*. In: FUX, Luiz; PEREIRA, Luiz Fernando Casagrande; AGRA, Walber de Moura (Coord.); PECCININ, Luiz Eduardo (Org.). Tratado de Direito Eleitoral, v.8: Direito Penal e Processo Penal Eleitoral. Belo Horizonte: Fórum, 2018. p. 114.

[247] Após aprovação do texto pela Câmara dos Deputados em 15/09/2021, o Projeto foi submetido ao Senado Federal, ainda sem votação naquela casa. Tramitação disponível em: <https://www.camara.leg.br/propostas-legislativas/2292163>. Acesso em 01/03/2022.

partidos e de eleições, crimes eleitorais, entre outros — o texto busca superar divergências em decisões tomadas pela Justiça Eleitoral. Soraya Santos destacou que a proposta "encampa a crescente demanda dos especialistas da área por um corpo coerente e fechado de normas processuais".[248]

A despeito de até o presente momento não ter sido aprovado pelo Senado Federal, a proposta demonstra a nítida intenção do legislador de, finalmente, unificar e sistematizar não apenas os crimes eleitorais, como o Processo Penal Eleitoral. O projeto "sugere uma radical e bem-vinda alteração dos paradigmas do Direito Penal Eleitoral".[249]

Na esteira das mudanças defendidas pela doutrina majoritária,[250] o projeto de Novo Código Eleitoral excluiu muitos tipos penais irrelevantes para fins de persecução (reforçando, nesse aspecto, o princípio basilar da *ultima ratio*), manteve ou incrementou o sancionamento de condutas consideradas graves e criou "novos e necessários delitos, como o próprio caixa 2 –agora melhor desenhado e apto a punir, inclusive, os financiadores ilegais das campanhas — e a organização de esquemas de difusão de desinformação".[251]

Se aprovado sem maiores modificações, o novo Código Eleitoral sedimentará essa tendência que já se mostra dogmática e jurisprudencialmente clara: de desenvolvimento e crescimento da importância do Direito Penal Eleitoral.

---

248 SIQUEIRA, Carol; SEABRA, Roberto. *Grupo de trabalho consolida toda a legislação eleitoral em uma só proposta*. Brasília: Agência Câmara de Notícias. 20 de agosto de 2021. Disponível em: <https://www.camara.leg.br/noticias/797472-grupo-de-trabalho-consolida-toda-a-legislacao-eleitoral-em-uma-so-proposta/>. Acesso em 01/03/2022.

249 NEISSER, Fernando; BOTTINI, Pierpaolo. *A hora do Direito Penal Eleitoral*. Op. cit.

250 Cf. PIEDADE, Antonio Sergio Cordeiro; SOUSA, Leandro Cordeiro; CIPRIANO, Waleska Roberta Rodrigues. *Tutela penal eleitoral: a necessidade de traçar um novo paradigma para a formulação dos tipos penais na esfera eleitoral*. Op Cit; GONÇALVES, Luiz Carlos dos Santos. *A crise de confiança no sistema de Justiça Eleitoral e o que os tipos penais eleitorais podem fazer a respeito*. Op. Cit; DE BEM, Leonardo Schmitt; CUNHA, Mariana Garcia. *Crimes Eleitorais*. 3ª ed. Belo Horizonte: Editora D'Plácido, 2018, entre outros.

251 NEISSER, Fernando; BOTTINI, Pierpaolo. *A hora do Direito Penal Eleitoral*. Op. cit.

Estabelecido esse panorama (até mesmo independentemente da aprovação do novo Código Eleitoral), é possível concluir que — com o aumento da importância dos crimes eleitorais — cresce também a importância atribuída ao instituto do acordo de não persecução penal no âmbito eleitoral. Se antes, a grande maioria dos tipos eleitorais era abarcada pelos mecanismos despenalizadores da Lei 9.099/1995, agora os olhos se voltam para aqueles delitos eleitorais remanescentes, mais graves e cujas penas são mais elevadas — explorando-se, nesse nicho, a incidência e a aplicabilidade do ANPP.

De início, interessante constatar que "com apenas três exceções, todos os crimes [eleitorais] têm pena mínima inferior a quatro anos (...)".[252] As únicas exceções, no que tange à pena, são o art. 72 da Lei 9.504/97 (fraude no sistema eletrônico de apuração de votos), o art. 302 do Código Eleitoral (concentração de eleitores no dia da votação) e o crime da Lei 6.091/1974 (transporte irregular de eleitores).[253]

Isso não significa dizer que a todos esses delitos seria aplicável o acordo de não persecução penal, já que, nos termos §2º, inciso I, do art. 28-A do CPP, não é cabível o ANPP nos casos aos quais se aplicar a transação penal.[254] Nesse sentido, uma sistematização precisa foi proposta por Igor Pinheiro:[255]

---

[252] GONÇALVES, Luiz Carlos dos Santos; TABERTI, Vera Lúcia. *Acordo de não persecução penal nos crimes eleitorais: Seria estranho se o Ministério Público Eleitoral pudesse oferecer acordo apenas para crimes conexos*. Jota. 02 de março de 2020. Disponível em <https://www.jota.info/opiniao-e-analise/artigos/acordo-de-nao-persecucao-penal-nos-crimes-eleitorais-02032020>. Acesso em 01/03/2022.

[253] Idem.

[254] Parece ser irrelevante, nesse sentido, que o dispositivo faça referência à "transação penal de competência dos Juizados Especiais Criminais". A opção político-criminal de restringir o alcance do ANPP a delitos aos quais a transação penal não seja aplicável, não parece carregar justificativas relevantes para distinguir as transações penais firmadas por Juizados Especiais Criminais, das firmadas pela Justiça Eleitoral. Portanto, a restrição — ao que tudo indica — é aplicável também aos crimes eleitorais.

[255] PINHEIRO, Igor Pereira. *Crimes Eleitorais e conexos: aspectos materiais e processuais*. São Paulo: JH Mizuno, 2020. p. 27

Total de crimes eleitorais	91
Sujeitos à transação penal	54
Sujeitos ao ANPP	27
Sujeitos ao ANPP e ao processual	18
Sujeitos exclusivamente ao ANPP	09

Em caráter adicional, cabe reforçar a ressalva feita no tópico anterior, de que há crimes eleitorais cujas penas extrapolam as de liberdade / multa, para refletir sobre o cancelamento ou cassação do registro eleitoral. A esses delitos, parece haver a necessidade de uma investigação mais aprofundada para constatar a aplicabilidade, ou não, do ANPP.

Representantes importantes da doutrina penal-eleitoral, Igor Pinheiro e Edson Castro, defendem que, nos casos em que se investiga delitos aos quais é cominada uma sanção política (como a cassação de mandato) não será possível a pactuação do acordo de não persecução penal — seguindo-se a mesma lógica construída em relação aos mecanismos despenalizadores da Lei 9.099 / 1995.[256]

Feitas essas ressalvas, e constatado o amplo espaço para aplicabilidade do instituto nos crimes eleitorais, não restam dúvidas sobre a importância da investigação do tema e da identificação das especificidades que tocam o âmbito penal eleitoral.

Atentando-se à relevância do tema, a I Jornada de Direito Eleitoral do Tribunal Superior Eleitoral,[257] que ocorreu entre fevereiro e maio de 2021, aprovou três enunciados diretamente conectados com a aplicabilidade do acordo de não persecução

---

256 PINHEIRO, Igor Pereira. *Crimes Eleitorais e conexos: aspectos materiais e processuais*. Op. cit., p. 78; CASTRO, Edson de Resende. *Curso de Direito Eleitoral*. Belo Horizonte: Del Rey, 2020. p. 783.

257 I Jornada de Direito Eleitoral do TSE resulta em 63 novos enunciados e 57 achados relevantes. 10 de junho de 2021. Disponível em: <https:/www.tse.jus.br/imprensa/n/ticias-tse/2021/Junho/i-jornada-de-direito-eleitoral-do-tse-resulta-em-63-novos-enunciados-e-57-achados-relevantes>. Acesso em 02/03/2022.

penal aos crimes eleitorais. Os enunciados foram publicizados por meio da Portaria TSE 348, de 28 de maio de 2021, e preveem o seguinte:

> Enunciado 47. Os institutos despenalizadores (transação penal, suspensão condicional do processo e acordo de não persecução penal) aplicam-se ao processo penal eleitoral, desde que preenchidos os requisitos legais. A pena privativa de liberdade deve ser considerada medida extrema que se aplica somente nos casos expressos em lei e quando não for cabível nenhuma das alternativas penais previstas no ordenamento jurídico pátrio.
>
> Enunciado 52. Não há óbice para a realização de acordo de não-persecução penal nos casos em que, praticado crime eleitoral, os requisitos do art. 28-A do Código de Processo Penal sejam concretamente examinados pelo Ministério Público Eleitoral e devidamente preenchidos, ressalvados os casos de aplicação da Lei nº 9.099/1995 pelo juiz eleitoral.
>
> Enunciado 59. O acordo de não persecução penal não configura título condenatório e, portanto, não gera a inelegibilidade do art. 1º, I, alínea "e".

Dentre as orientações aprovadas, para além de se confirmar a hipótese de aplicabilidade do instituto ressalvados os casos de aplicação da Lei 9.099/1995, o enunciado mais relevante para fins de investigação no presente trabalho, sem dúvidas, é o 59 — cujo teor será explorado com maior profundidade no tópico 3.3.

O rito para oferecimento do ANPP no âmbito eleitoral segue, no que aplicável, as etapas preliminares de investigação previstas no Código Eleitoral e na Resolução TSE 23.640/2021 — aplicando-se subsidiariamente o Código de Processo Penal, nos termos do art. 364 do CE e do art. 13[258] da referida resolução.

Os principais instrumentos de investigação de infrações penais eleitorais são o inquérito policial eleitoral (IPEL) — que foi regulamentado pelos arts. 9º a 13 da Resolução TSE

---

[258] Art. 13. Aplica-se subsidiariamente ao inquérito policial eleitoral as disposições do Código de Processo Penal, no que não houver sido contemplado nesta resolução.

Agente	Proposição	Homologação
Presidente, Vice-Presidente, Ministros de Estado, Deputados Federais, Senadores, Membros de Tribunais Superiores e TCU, PGR, Comandante das Forças Armadas, Chefe de missão diplomática permanente	Procuradoria-Geral da República	Supremo Tribunal Federal (STF)
Governadores, membros do TRF, TER, TJ, TRT, TCE, TCM, e membros do MPU de 2ª instância	Subprocurador-geral da República	Superior Tribunal de Justiça (STJ)
Prefeitos, Deputados Estaduais, Juízes Eleitorais e Promotores Eleitorais	Procurador Regional Eleitoral	Tribunal Regional Eleitoral (TRE)
Demais agentes (ou os que possuem prerrogativa de foro mas o fato criminoso não esteja abarcado pelas regras de atração)	Promotor Eleitoral	Juiz Eleitoral

23.640/2021 — e o procedimento investigatório criminal eleitoral (PICEL), disciplinado *lato sensu* nas Resoluções CNMP 181/2017 e 183/2017.[259]

Nesse ponto, Igor Pereira Pinheiro destaca que apesar de o Ministério Público Eleitoral, por força do que dispõem o art. 129, inciso I, da Constituição Federal e o art. 24 do CPP, deter a prerrogativa de ajuizar a ação penal pública (oferecer denúncia) sem a instauração de qualquer procedimento de investigação preparatório, via de regra, não é isso o que ocorre. "Devido à falta de provas contidas nas representações criminais, invariavelmente, faz-se necessária instauração de uma investigação

259 PINHEIRO, Igor Pereira. *Crimes Eleitorais e conexos: aspectos materiais e processuais.* Op. cit. p. 80 e ss.

preliminar, com vistas à colheita de elementos de prova da autoria e materialidade delitivas."[260]

No que tange à competência para oferecimento do acordo de não persecução penal (e para própria tramitação das investigações preliminares mencionadas), ela deve observar a competência para julgamento dos crimes eleitorais. Assim, na medida em que o juízo eleitoral de primeiro grau é o competente para julgar os crimes eleitorais,[261] o promotor eleitoral será o membro do MPE competente para propor o acordo — salvo nos casos que atraem o foro por prerrogativa de função, nos termos fixados pela Constituição Federal.[262]

No caso do Presidente e Vice-Presidente da República, de membros do Congresso Nacional, de Ministros de Estado e demais autoridades abarcadas pelo art. 102, inciso I, *b* e *c* da Constituição Federal,[263] a proposição de ANPP deverá partir do Procurador-Geral da República, sendo o Supremo Tribunal Federal a Corte competente para realizar o controle de legalidade e proferir a decisão de homologação.

---

260 Idem. pp. 119-120.

261 "Esses crimes seguirão, na Justiça Eleitoral, aos critérios de fixação da competência penal e não o das ações eleitorais cíveis. Assim, por exemplo, nas eleições estaduais (governador, senador, deputado federal ou estadual) todas as ações cíveis serão levadas ao Tribunal Regional Eleitoral. Se a eleição for nacional (Presidente e Vice), todos os feitos civis irão diretamente ao Tribunal Superior Eleitoral. Já os feitos criminais eleitorais, exceto se o agente tiver prerrogativa de foro, serão processados e julgados pelos juízes eleitorais, a partir de denúncia formulada pelo Promotor de Justiça Eleitoral. GONÇALVES, Luiz Carlos dos Santos. *Crimes eleitorais e processo penal eleitoral*. São Paulo: Atlas, 2015. pp. 161-162.

262 Aqui, no entanto, deve-se observar o entendimento jurisprudencial mais recente do Supremo Tribunal Federal, que limitou significativamente a atração do foro por prerrogativa de função, quando do julgamento da QO na ação penal 937/RJ.

263 Art. 102. Compete ao Supremo Tribunal Federal, precipuamente, a guarda da Constituição, cabendo-lhe: I – processar e julgar, originariamente: (...)

b) nas infrações penais comuns, o Presidente da República, o Vice-Presidente, os membros do Congresso Nacional, seus próprios Ministros e o Procurador-Geral da República;

c) nas infrações penais comuns e nos crimes de responsabilidade, os Ministros de Estado e os Comandantes da Marinha, do Exército e da Aeronáutica, ressalvado o disposto no art. 52, I, os membros dos Tribunais Superiores, os do Tribunal de Contas da União e os chefes de missão diplomática de caráter permanente; (Redação dada pela Emenda Constitucional nº 23, de 1999).

Os governadores e demais agentes abarcados pelo art. 105, I, *a* da Constituição Federal[264] serão julgados pelo Superior Tribunal de Justiça nos crimes eleitorais, devendo o acordo de não persecução penal ser oferecido pelo subprocurador-geral da República. Nesse sentido:

> é de se ressaltar que o Tribunal Superior Eleitoral (TSE) não possui competência criminal eleitoral originária, mesmo diante do que dispõe o art. 22, inciso I, alínea "d" [do Código Eleitoral],[265] pois os seus membros (Ministros) são julgados pelo Supremo Tribunal Federal (STF) e os juízes dos tribunais eleitorais tem foro no Superior Tribunal de Justiça (STJ). Trata-se, portanto, de dispositivo não recepcionado pela atual ordem constitucional, como pacificado na doutrina e na jurisprudência.[266]

Por fim, no caso de Prefeito e Deputado Estadual, a competência para oferecimento do acordo será do Procurador Regional Eleitoral — na medida em que "ele será julgado perante o Tribunal Regional Eleitoral, por simetria em face da garantia prevista no art. 29, X, da Constituição".[267][268]

Em síntese, no caso de crimes eleitorais e conexos, obedecidas as previsões legais e a orientação jurisprudencial mais recente sobre o tema, a competência é definida nos seguintes termos:[269]

---

[264] Art. 105. Compete ao Superior Tribunal de Justiça: I – processar e julgar, originariamente: a) nos crimes comuns, os Governadores dos Estados e do Distrito Federal, e, nestes e nos de responsabilidade, os desembargadores dos Tribunais de Justiça dos Estados e do Distrito Federal, os membros dos Tribunais de Contas dos Estados e do Distrito Federal, os dos Tribunais Regionais Federais, dos Tribunais Regionais Eleitorais e do Trabalho, os membros dos Conselhos ou Tribunais de Contas dos Municípios e os do Ministério Público da União que oficiem perante tribunais.

[265] Art. 22. Compete ao Tribunal Superior: I – Processar e julgar originariamente: (...) d) os crimes eleitorais e os comuns que lhes forem conexos cometidos pelos seus próprios juizes e pelos juizes dos Tribunais Regionais.

[266] PINHEIRO, Igor Pereira. *Crimes Eleitorais e conexos: aspectos materiais e processuais*. Op. cit. p. 157.

[267] Art. 29. O Município reger-se-á por lei orgânica, votada em dois turnos, com o interstício mínimo de dez dias, e aprovada por dois terços dos membros da Câmara Municipal, que a promulgará, atendidos os princípios estabelecidos nesta Constituição, na Constituição do respectivo Estado e os seguintes preceitos: X – julgamento do Prefeito perante o Tribunal de Justiça.

[268] GONÇALVES, Luiz Carlos dos Santos. *Crimes eleitorais e processo penal eleitoral*. Op. cit. p. 163.

[269] Tabela elaborada com base nas obras de Luiz Carlos dos Santos Gonçalves (GONÇALVES, Luiz

Ainda em relação às peculiaridades da aplicação do ANPP aos crimes eleitorais, Luiz Carlos dos Santos Gonçalves e Vera Lúcia Taberti destacam três pontos que merecem análise. O primeiro deles é o de que, na esteira do já identificado (e em certa medida criticado), "os crimes eleitorais têm como vítima direta a sociedade, pois seu bem jurídico é, em sentido amplo, a lisura e legitimidade dos pleitos eleitorais".[270] Assim, a regra disposta no §9º do art. 28-A,[271] CPP, nem sempre terá prestabilidade — ressalvados os crimes em que seja possível identificar a vítima secundária (nos delitos eleitorais contra a honra, por exemplo).

A segunda peculiaridade, de viés procedimental, é a de que

> a fiscalização da obrigatoriedade da promoção da ação penal não se dá, nos crimes eleitorais, com fundamento no art. 28 do Código de Processo Penal, mas sim com base na Lei Complementar 75/93 (do Ministério Público da União), que rege a atuação do Ministério Público Eleitoral. O controle deve ser efetuado por uma das Câmaras de Coordenação e Controle do Ministério Público Federal em Brasília (atualmente, a 2a. Câmara), devendo o juiz eleitoral remeter os autos ao Procurador Regional Eleitoral de seu estado.[272]

Isso se justifica pela estrutura própria da Justiça Eleitoral e pela competência atribuída ao Ministério Público Eleitoral — regulamentada justamente pela Lei Complementar 75/1993. Com amparo no princípio da especialidade, entendem os autores que o MPE não está sujeito ao rito estabelecido pelo art. 28 do CPP.[273]

Carlos dos Santos. *Crimes eleitorais e processo penal eleitoral.* Op. cit.) e Igor Pereira Pinheiro (PINHEIRO, Igor Pereira. *Crimes Eleitorais e conexos: aspectos materiais e processuais.* Op. cit.).

270 GONÇALVES, Luiz Carlos dos Santos; TABERTI, Vera Lúcia. *Acordo de não persecução penal nos crimes eleitorais: Seria estranho se o Ministério Público Eleitoral pudesse oferecer acordo apenas para crimes conexos.* Op. cit.

271 Art. 28-A (...) § 9º A vítima será intimada da homologação do acordo de não persecução penal e de seu descumprimento.

272 Idem.

273 Art. 28. Ordenado o arquivamento do inquérito policial ou de quaisquer elementos informativos da mesma natureza, o órgão do Ministério Público comunicará à vítima, ao investigado e à autoridade policial e encaminhará os autos para a instância de revisão ministerial para fins de

A terceira peculiaridade diz respeito à interpretação que deve ser dada ao art. 28-A, §6º, do CPP.[274] É que inexiste, na seara em análise, a figura do juiz das "execuções penais eleitorais". Logo, incumbirá ao próprio juiz eleitoral os trâmites que lhe forem cabíveis para o início do cumprimento dos termos do acordo. A mesma ressalva é aplicável à previsão contida nos incisos III[275] e IV[276] do dispositivo.[277]

Reconhecidas as premissas teóricas do ANPP no Direito Penal Eleitoral, o melhor termômetro para que efetivamente se possa identificar as peculiaridades e problemáticas que decorrem da utilização desse mecanismo negocial parece ser a análise empírica dos acordos firmados no âmbito da Justiça Eleitoral, desde a vigência do instituto no ordenamento jurídico brasileiro.

Foi exatamente o que se propôs no presente trabalho: por meio de consulta aos diários de justiça eletrônicos de todos os tribunais regionais eleitorais brasileiros e respectivos juízos de primeiro grau — em período compreendido entre agosto de 2017 (mês de publicação da Resolução CNMP 181/2017) e março de 2023 (data de encerramento da pesquisa) — catalogou-se todos os acordos de não persecução penal firmados pela Justiça

---

homologação, na forma da lei. (Redação dada pela Lei nº 13.964, de 2019)

274 Art. 28-A, §6º Homologado judicialmente o acordo de não persecução penal, o juiz devolverá os autos ao Ministério Público para que inicie sua execução perante o juízo de execução penal.

275 III — prestar serviço à comunidade ou a entidades públicas por período correspondente à pena mínima cominada ao delito diminuída de um a dois terços, em local a ser indicado pelo juízo da execução, na forma do art. 46 do Decreto-Lei nº 2.848, de 7 de dezembro de 1940 (Código Penal);

276 IV — pagar prestação pecuniária, a ser estipulada nos termos do art. 45 do Decreto-Lei nº 2.848, de 7 de dezembro de 1940 (Código Penal), a entidade pública ou de interesse social, a ser indicada pelo juízo da execução, que tenha, preferencialmente, como função proteger bens jurídicos iguais ou semelhantes aos aparentemente lesados pelo delito.

277 Sobre o tema, importante destacar também que "haverá de merecer interpretação específica, por igual, a destinação da prestação pecuniária a entidade pública ou de interesse social "a ser indicada pelo juízo da execução, que tenha, preferencialmente, como função proteger bens jurídicos iguais ou semelhantes aos aparentemente lesados pelo delito", art. 28-A, parágrafo 2o, IV. Devem ser entidades que atuem no processo eleitoral, sem coloração partidária, voltadas a zelar pela lisura e transparência dos pleitos, por exemplo, ou à conscientizar os cidadãos da importância do voto." GONÇALVES, Luiz Carlos dos Santos; TABERTI, Vera Lúcia. *Acordo de não persecução penal nos crimes eleitorais: Seria estranho se o Ministério Público Eleitoral pudesse oferecer acordo apenas para crimes conexos.* Op. cit.

Eleitoral (que tenham tramitado em modo público). Os resultados da pesquisa jurisprudencial serão explorados a seguir.

2.2.1 Resultados obtidos a partir do levantamento jurisprudencial de ANPPs firmados pela Justiça Eleitoral até 15 de março de 2023

Para fins de análise concreta sobre as peculiaridades e consequências do acordo de não persecução penal firmado em solo eleitoral é imperioso que seja feito um mapeamento das conclusões alcançadas por meio do levantamento jurisprudencial realizado sobre o tema.

Em relação à quantidade de acordos firmados pela Justiça Eleitoral desde a vigência do instituto — dentro dos parâmetros de pesquisa acima referidos — foram localizados 235 acordos homologados, distribuídos por todos os estados e o Distrito Federal. A quantidade de ANPPs firmados em cada ente federativo, como é possível depreender pela leitura da tabela abaixo acostada, é pouco homogênea (ver Quadro 2.1).

Os estados que mais firmaram acordos (dentro do período e nos parâmetros de publicidade pesquisados) foram Minas Gerais, Goiás, Mato Grosso do Sul e São Paulo. Nos demais entes, no entanto, firmou-se entre um e 11 acordos de não persecução penal.

Em relação aos crimes eleitorais objeto de cada acordo, é importante destacar que alguns ANPPs contemplam mais de um tipo penal eleitoral — razão pela qual o somatório das quantidades totais é superior a 235.

Ainda, cinco acordos homologados compreenderam crimes conexos aos eleitorais. Nos autos nº 0600288-98.2020.6/08/0022, oriundos da 22ª Zona Eleitoral de Itapemirim/ES, o ANPP englobou a conduta prevista no art. 42, incisos I e III da Lei 3.688/1941.[278] Em situação semelhante, nos autos nº 0000029-

[278] Art. 42. Perturbar alguém o trabalho ou o sossego alheios: I — com gritaria ou algazarra; II — exercendo profissão incômoda ou ruidosa, em desacordo com as prescrições legais; III — abusando de instrumentos sonoros ou sinais acústicos.

Quadro 2.1

Tribunais Regionais Eleitorais	Número de acordos firmados
Acre	02
Alagoas	05
Amapá	01
Amazonas	08
Bahia	09
Ceara	10
Distrito Federal	05
Espírito Santo	09
Goiás	27
Maranhão	08
Mato Grosso	09
Mato Grosso do Sul	18
Minas Gerais	26
Pará	08
Paraíba	05
Paraná	11
Pernambuco	04
Piauí	06
Rio de Janeiro	05
Rio Grande do Norte	11
Rio Grande do Sul	07
Rondônia	07
Roraima	06
Santa Catarina	09
São Paulo	16
Sergipe	02
Tocantins	01
TOTAL	**235**

15.2018.6/11/0031 (31ª Zona Eleitoral de Canarana/MT) e nº 0000028-65.2018.6/17/0127 (127ª Zona Eleitoral de Camaragibe/PE), os acordos abarcaram a tipificação estabelecida pelo art. 312 do Código Penal.[279] Já nos autos nº 0600030-18.2020.6/20/0002 e nº 0600054-53.2021.6/20/0053, oriundos da 1ª Zona Eleitoral de Natal/RN e da 53ª Zona Eleitoral de Tangará/RN, respectivamente, os acordos incluíram a tipificação pelo delito de lavagem de capitais, nos termos da Lei 9.613/1998.

Em relação aos delitos objeto dos acordos, é possível constatar pelo gráfico abaixo que 26% dos ANPPs abordaram o tipo de omissão ou declaração falsa em documento público (art. 350, CE); seguido pela captação ilícita de sufrágio (art. 299, CE) — que foi objeto de 17% dos acordos — e pela inscrição fraudulenta de eleitores (art.289, CE), responsável por 13% dos ANPPs (Figura 3.1).

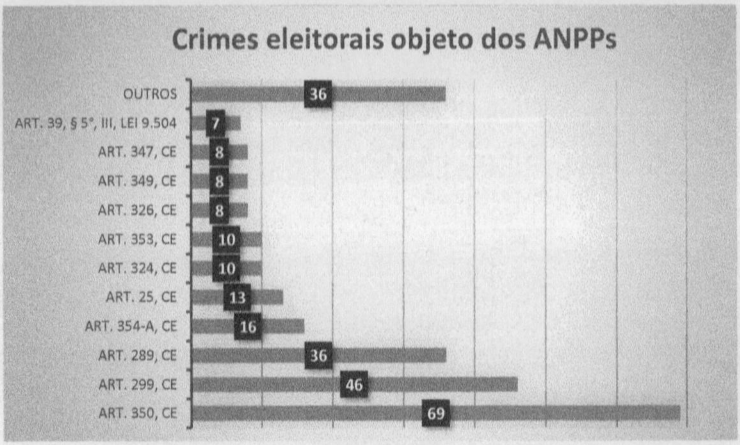

Figura 3.1

279 Peculato. Art. 312 – Apropriar-se o funcionário público de dinheiro, valor ou qualquer outro bem móvel, público ou particular, de que tem a posse em razão do cargo, ou desviá-lo, em proveito próprio ou alheio: Pena – reclusão, de dois a doze anos, e multa. § 1º – Aplica-se a mesma pena, se o funcionário público, embora não tendo a posse do dinheiro, valor ou bem, o subtrai, ou concorre para que seja subtraído, em proveito próprio ou alheio, valendo-se de facilidade que lhe proporciona a qualidade de funcionário.

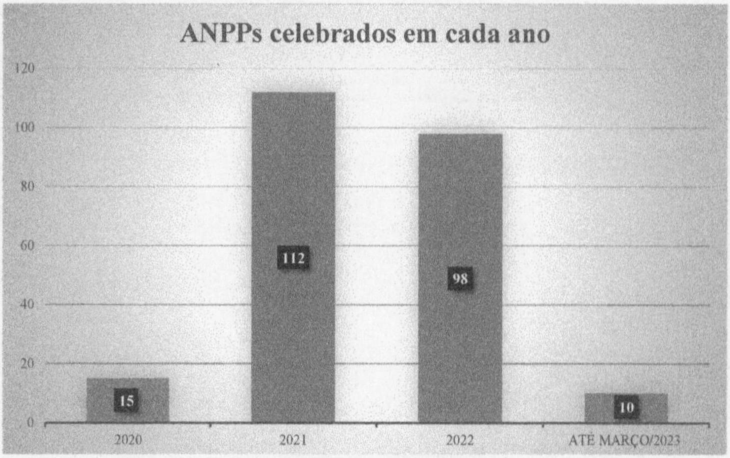

Figura 3.2

Sobre o período em que foram homologados, 6% ocorreram em 2020, 48% em 2021, 42% em 2022 e 4% até março de 2023 (Figura 3.2).

Dentre as homologações realizadas no ano de 2020, 25% ocorreram durante o período eleitoral das eleições municipais (compreendido entre 27 de setembro[280] e 29 de novembro de 2020[281]):

Período de homologação dos ANPPs de 2020	
Homologados dentro do período eleitoral	5
Homologados fora do período eleitoral	10

[280] Data de início da propaganda eleitoral (um dia após o encerramento do prazo para requerimento dos registros de candidatura), nos termos do art. 1º, § 1º, IV da PEC 18/2020.

[281] Data do segundo turno das eleições de 2020, nos termos do art. 1º, *caput*, da PEC 18/2020.

Já dentre as homologações realizadas no ano de 2022, 30% ocorreram durante o período eleitoral das eleições gerais (compreendido entre 16 de agosto[282] e 30 de outubro de 2022[283]):

Período de homologação dos ANPPs de 2022	
Homologados dentro do período eleitoral	29
Homologados fora do período eleitoral	69

Agora, numa análise dos termos e das cláusulas dos acordos homologados, quatro deles continham cláusulas expressas que limitam o alcance do acordo às consequências criminais da conduta, ressalvadas eventuais responsabilidades administrativas e cíveis:

ANPPs com cláusula de limitação	
Contém cláusula que restringe o alcance no ANPP para fins penais	4
Não contém expressamente	231

Apesar da cláusula ser restrita a pouquíssimos acordos, foi possível localizar ao menos um caso em que — a despeito da existência de menção expressa sobre a limitação do alcance do ANPP — a confissão feita pelo acusado no âmbito do acordo de não persecução penal foi utilizada como elemento probatório que ensejou a condenação cível-eleitoral do agente em sede de representação eleitoral.[284]

---

282 Data de início da propaganda eleitoral (um dia após o encerramento do prazo para requerimento dos registros de candidatura), nos termos da Lei nº 9.504/1997, arts. 36, caput, e 57-A e Res.-TSE nº 23.610/19, arts. 2º e 27.

283 Data do segundo turno das eleições de 2022.

284 Trata-se da RP 0600559-25.2020.6/26/0146, em trâmite perante a 146ª Zona Eleitoral

Por fim, digno de nota que sete acordos da amostra analisada previram expressamente a inelegibilidade do acusado,[285] em razão da natureza do delito e suposta observância aos objetivos da Lei da Ficha Limpa. O prazo estabelecido variou entre dois e oito anos, ou enquanto não extinta a punibilidade:

ANPPs com cláusula de inelegibilidade	
Sem cláusula de inelegibilidade	228
Sem cláusula de inelegibilidade	7

Vale mencionar que, em relação à margem de acordos descumpridos, foram localizadas notícias de descumprimento em cinco ANPPs, dentre os quais três[286] já haviam sido revogados quando do encerramento da pesquisa (15 de março de 2023).

Feito o mapeamento preliminar acerca do modo como os acordos de não persecução penal têm sido aplicados no âmbito dos crimes eleitorais, será possível explorar com maior precisão os efeitos decorrentes da relação existente entre esse instituto negocial e o pleito eleitoral — não olvidando do papel desempenhado pelo Ministério Público Eleitoral nesse processo.

de Valparaíso/SP. O ANPP referente à representação tramita sob o número 0600557-55.2020.6/26/0146, na mesma Zona Eleitoral. O tema, todavia, será melhor explorado no tópico 3.2 deste trabalho.

285 Trata-se dos seguintes autos: 0600414-32.2020.6/02/0050, 50ª Zona Eleitoral de Maravilha/AL; 0600034-19.2020.6/06/0043, 43ª Zona Eleitoral de Jucás/CE; 0600198-04.2021.6/09/0095, 95ª Zona Eleitoral de Juassara/GO; 0600001-70.2021.6/13/0343, 343ª Zona Eleitoral de Itumirim/MG; 0600039-56.2022.6/26/0288, 288ª Zona Eleitoral de Rio Claro/SP; e 0600048-91.2021.6/18/0056, 56ª Zona Eleitoral de Simões/PI; 0600816-31.2020.6/14/0034, 34ª Zona Eleitoral de Itaituba/PA (neste último, consta pedido do próprio MPE para desconsideração da cláusula "em razão da impossibilidade de anotação da suspensão dos direitos políticos no sistema ELO").

286 Trata-se dos processos 0600012-22.2020.6/08/0037 (TRE-ES); 0600017-39.2020.6/12/0035 (TRE-MS); e 0600030-17.2020.6/13/0033 (TRE-MG).

2.3 ANPP e o período eleitoral: especificidades, efeitos da divulgação e limites da atuação do Ministério Público Eleitoral

Parece inegável que qualquer instituto jurídico inserido no contexto de um período eleitoral ganha deslindes próprios. É que, na esteira do apontamento de Eugênio José Guilherme de Aragão e Luiz Carlos dos Santos Gonçalves, "as paixões políticas — como as paixões em geral — tendem a ser intensas".[287] Assim, é natural que durante uma disputa eleitoral acirrada, os candidatos explorem todas as possibilidades jurídicas capazes de os destacar ou auferir alguma vantagem no pleito.[288]

Seguindo a mesma lógica, a propaganda eleitoral é um elemento intrínseco e comumente explorado por esses atores eleitorais, porquanto "é notório e incontestável que há influência dos meios de comunicação nas eleições, no processo eleitoral e no eleitorado como um todo".[289]

E é justamente por força desse contexto que o instituto do ANPP — que por si só já carrega em seu bojo uma série de questionamentos jurídicos não pacificados — ganha contornos ainda mais delicados quando inserido na perspectiva do pleito eleitoral. A competitividade inerente ao período desencadeia um cenário bastante propício para que eventuais acordos de não persecução penal firmados por candidatos se tornem uma espécie de munição política para ser explorada jurídica e midiaticamente por adversários.

---

287 DE ARAGÃO, Eugênio José Guilherme; GONÇALVES, Luiz Carlos dos Santos. *Ministério Público Eleitoral: uma introdução.* In: DE NORONHA, João Otávio; PAE KIM, Richard. Sistema Político e Direito Eleitoral brasileiros: estudos em homenagem ao Ministro Dias Toffoli. São Paulo: Atlas, 2016. p. 259.

288 Esse cenário parece ser agudizado no Brasil em razão diante da existência de um constatado processo de judicialização da política, na esteira do que aponta Vânia Aieta. In: AIETA, Vânia Siciliano. *Criminalização da política: a falácia da "judicialização da política" como instrumento democrático.* Rio de Janeiro: Lumen Juris, 2017. pp. 43 e ss.

289 JOBIM, Alexandre Kruel. *A influência dos meios de comunicação no processo eleitoral.* In: DE NORONHA, João Otávio; PAE KIM, Richard. Sistema Político e Direito Eleitoral brasileiros: estudos em homenagem ao Ministro Dias Toffoli. São Paulo: Atlas, 2016. p. 21.

Para além da intervenção legislativa e judicial[290] para disciplinar os limites da propaganda eleitoral[291] e, em específico, da propaganda eleitoral negativa (até que ponto um candidato poderá explorar os termos de eventual acordo em campanha eleitoral para desabonar a trajetória de um adversário), nos parece que um ator fundamental no controle da utilização democrática do instituto do ANPP é o Ministério Público Eleitoral, ao qual "como a toda a instituição do Ministério Público, incumbe a defesa da ordem jurídica, dos regime democrático e dos interesses sociais e individuais indisponíveis".[292]

O Ministério Público Eleitoral foi criado junto com a concepção da própria Justiça Eleitoral, em 1932, e possuí caráter federal.[293] Após inúmeras alterações constitucionais e legislativas,

O Código Eleitoral de 1965, ainda em vigor, manteve a participação da instituição em "todos os assuntos submetidos à deliberação do Tribunal, quando solicitada sua audiência por qualquer dos juízes, ou por iniciativa sua, se entender necessário" [art. 24, IV]. Bem assim, conservou sua atribuição de "IV — representar

---

[290] Cf. SILVA, Adriana Campos; GOMES, Vinicius da Costa. *A restrição à propaganda eleitoral como resultado de uma (aparente) supremacia da segurança sobre a liberdade: estudo de caso da Representação 1658-65.2014.6/00/0000 do TSE.* In: GUERRA, Arthur Magno e Silva; JUNIOR, José Alfredo de Oliveira Baracho; BERNARDES, Flávio Couto (org.). Direito Eleitoral: 30 anos de democracia. Belo Horizonte: Editora D'Plácido, 2018. p.371.

[291] Os limites de abordagem deste trabalho não permitem incursões aprofundadas sobre o tema da propaganda eleitoral e seus limites. Para tanto, consultar: PEREIRA, Rodolfo. *Ensaio sobre o ódio e a intolerância na propaganda eleitoral.* In: DE NORONHA, João Otávio; PAE KIM, Richard. Sistema Político e Direito Eleitoral brasileiros: estudos em homenagem ao Ministro Dias Toffoli. São Paulo: Atlas, 2016. pp. 673-694; NEISSER, Fernando Gaspar. *Crime e mentira na política.* Belo Horizonte: Fórum, 2016; NEVES FILHO, Carlos. *Propaganda eleitoral e o princípio da liberdade da propaganda política.* Belo Horizonte: Fórum, 2012.

[292] DE ARAGÃO, Eugênio José Guilherme; GONÇALVES, Luiz Carlos dos Santos. *Ministério Público Eleitoral: uma introdução.* Op. cit. p. 260.

[293] O art. 12 do Código Eleitoral de 1932 previa que "dentre seus membros, elege o Tribunal Superior um vice-presidente, e um procurador para as funções do Ministério Público". Posteriormente, por força de determinação contida na Constituição de 1934, a Lei 48/1935 dispôs especificamente sobre o funcionamento e as nomeações ocorridas no MPE. Ainda, "o caráter federal do parquet eleitoral foi reforçado pela Lei 1.341, de 30 de janeiro de 1951, do Ministério Público da União, que previa, no Título V, a atuação junto à Justiça Eleitoral." Esse arranjo foi mantido pelo Código Eleitoral de 1965 — ainda em vigor. Cf. DE ARAGÃO, Eugênio José Guilherme; GONÇALVES, Luiz Carlos dos Santos. *Ministério Público Eleitoral: uma introdução.* Op. cit. p. 260-263.

ao Tribunal sobre a fiel observância das leis eleitorais, especialmente quanto à sua aplicação uniforme em todo o País".

> A Constituição de 1988 silenciou sobre a existência ou as atribuições do Ministério Público Eleitoral. (...) A disciplina do Ministério Público Eleitoral, como função e não órgão independente, veio na Lei Complementar 75/1993, do Ministério Público da União. Ela é textual em atribuir ao Ministério Público Federal a atuação eleitoral, "em todas as fases e instâncias do processo eleitoral" [art. 72].[294]

Por força dos princípios da unidade e indivisibilidade do Ministério Público, esculpidos no art. 127 da Constituição Federal,[295] ao Ministério Público Eleitoral aplica-se o arcabouço principiológico amplo da instituição, voltado para um "claro espírito político democrático, na medida em que entendemos democracia como uma expressão de governo que respeita os interesses dos grupos sociais oprimidos".[296]

E, sobretudo num contexto pós-Constituição de 1988, Paulo César Busato destaca que ao Ministério Público também cabe a defesa de pilares essenciais ao Brasil enquanto concepção de nação — tais quais os direitos e garantias constitucionais do cidadão, a proteção ao meio ambiente e, em última instância, do próprio regime democrático.[297]

José Guilherme de Aragão e Luiz Carlos dos Santos Gonçalves bem ressaltam que — a despeito da unidade institucional — há algumas especificidades na interpretação da atuação do Ministério Público Eleitoral, acima de tudo no que diz respeito

---

294 Idem. p. 262.

295 Art. 127. O Ministério Público é instituição permanente, essencial à função jurisdicional do Estado, incumbindo-lhe a defesa da ordem jurídica, do regime democrático e dos interesses sociais e individuais indisponíveis. § 1º – São princípios institucionais do Ministério Público a unidade, a indivisibilidade e a independência funcional.

296 BUSATO, Paulo César. *Atuação Penal do Ministério Público. Necessidade de uma aproximação a partir da defesa do Regime Democrático.* In: ESSADO, Tiago Cintra; CHOUKR, Fauzi Hassan; Oliveira William Terra de (org.). Ministério Público: pensamento crítico e práticas transformadoras. Belo Horizonte: Editora D'Plácido. 2018. pp. 132-133.

297 Idem. p.133.

ao princípio da independência funcional.[298] É que, sem ofender o núcleo duro desse princípio (consistente na liberdade de formar e fundamentar as próprias opiniões),[299] o representante eleitoral do Ministério Público deve atentar para jamais oferecer tratamento inigualitário a eleitores, partidos, candidatos, etc.- sob pena de que um tratamento diferenciado (desencadeado pelo exercício máximo do princípio da independência funcional) afete a normalidade e a legitimidade do pleito eleitoral.[300]

Portanto, é imperioso que, na seara eleitoral, a busca concreta pela imparcialidade seja potencializada, mesmo se tratando de tarefa árdua. Afinal, não se deve ignorar que "o processo eleitoral envolve convicções pessoais, baseadas nas razões íntimas relativas à concepção política para alcançar o seu ideal de organização social",[301] sendo que os próprios juízes e membros do Ministério Público Eleitoral "não deixam de ser agentes e pacientes, agentes públicos e cidadãos".[302]

Nesse ponto, é importante rememorar que parte da doutrina reconhece como princípios inerentes ao Ministério Público Eleitoral o apartidarismo e a autocontenção.[303] O apartidarismo está esculpido no art. 128, §5°, inciso II, da Constituição Federal,[304] no

---

298 DE ARAGÃO, Eugênio José Guilherme; GONÇALVES, Luiz Carlos dos Santos. *Ministério Público Eleitoral: uma introdução.* Op. cit. pp. 277-278.

299 Sobre o tema, Renne do Ó Souza, reforça "um importante ponto de contenção do princípio da independência funcional referente à sua compatibilização com os programas e planejamento institucionais, editados por órgãos de cúpula, aptos a conferir um roteiro de atividade homogêneo para os agentes ministeriais. Essa modelagem conformadora, no lugar de representar um atentado, em última análise, prestar-se-á o fortalecimento da independência funcional, com plena sinergia com os princípios da unidade e indivisibilidade". SOUZA, Renee do Ó. O *real limite contemporâneo da independência funcional do membro do Ministério Público.* In: CAMBI, Eduardo. Ministério Público contemporâneo e do futuro. Belo Horizonte: Editora D'Plácido, 2021. pp. 921-922.

300 Idem. p. 278.

301 BORGHI, Fátima Aparecida de Souza. *Ministério Público Eleitoral.* Revista do Advogado, São Paulo, ano 24, n. 79, out. 2004. p. 74.

302 Idem. p. 74.

303 DE ARAGÃO, Eugênio José Guilherme; GONÇALVES, Luiz Carlos dos Santos. *Ministério Público Eleitoral: uma introdução.* Op. cit. pp. 279-281.

304 § 5º Leis complementares da União e dos Estados, cuja iniciativa é facultada aos respectivos Procuradores-Gerais, estabelecerão a organização, as atribuições e o estatuto de cada Ministério Público, observadas, relativamente a seus membros: (...) II – as seguintes vedações: (...) e) exercer

art. 80 da Lei Complementar 75/1993[305] e no art. 3º, §2º da Lei 64/1990,[306] sendo que:

> (...) não significa que, como cidadão e membro ativo de sua comunidade, o órgão do Ministério Público Eleitoral não tenha, em caráter pessoal, sua visão de mundo, sua ideologia e suas preferências políticas. Todavia, disto não pode derivar qualquer atuação seletiva, caprichosa ou enviesada do órgão, ao sabor de opções partidárias. (...) Desta forma, embora a atividade ministerial seja política — em sentido amplo — não pode ser segmentada, devendo, ao revés, buscar o atendimento dos interesses sociais e individuais disponíveis, de cunho eleitoral, de toda a comunidade dos eleitores.[307]

Já o princípio da autocontenção, diz respeito àqueles momentos em que a atuação ministerial precisa ser contramajoritária — em nome da preservação da técnica, do prestígio e da imparcialidade da instituição, e também para que os protagonistas do pleito eleitoral continuem sendo os eleitores, os candidatos e os partidos políticos, não cabendo ao MPE ser porta-voz de pleitos eleitorais ou acirrar debates partidarizáveis. Trata-se de princípio fundamental para pautar a atuação ministerial, sobretudo porque:

> A atuação eleitoral não raro vai ocorrer concomitantemente com aguerridas campanhas eleitorais. O prestígio e a capacidade técnica dos órgãos ministeriais podem ser buscados para ornamentar interesses segmentados, ou seja, de partidos, coligações ou candidatos. Ações que poderiam ser diretamente propostas

---

atividade político-partidária; (Redação dada pela Emenda Constitucional nº 45, de 2004).

305 Art. 80. A filiação a partido político impede o exercício de funções eleitorais por membro do Ministério Público até dois anos do seu cancelamento.

306 Art. 3º Caberá a qualquer candidato, a partido político, coligação ou ao Ministério Público, no prazo de 5 (cinco) dias, contados da publicação do pedido de registro do candidato, impugná-lo em petição fundamentada. § 1º A impugnação, por parte do candidato, partido político ou coligação, não impede a ação do Ministério Público no mesmo sentido. § 2º Não poderá impugnar o registro de candidato o representante do Ministério Público que, nos 4 (quatro) anos anteriores, tenha disputado cargo eletivo, integrado diretório de partido ou exercido atividade político-partidária.

307 Idem. p. 280.

por estes legitimados se convolam em representações oferecidas ao Ministério Público Eleitoral; se ele atuar, sua imparcialidade será oferecida como demonstrativo da veracidade de imputações. Práticas corriqueiras do cotidiano profissional do membro do *parquet* ganharão, nas eleições, destaque desproporcional nos meios de comunicação.[308]

E, no âmbito dos acordos de não persecução penal, essa lógica permanecesse irretocável. As premissas e peculiaridades inerentes ao processo eleitoral — quando somadas ao poder negocial atribuído ao Ministério Público por força do ANPP — demandam máxima responsabilidade institucional, para que a finalidade do instituto (de fomentar as premissas da justiça consensual) não acabe por ser desvirtuada.

Caso o contrário, e por força desse destaque desproporcional inerente ao período de eleições, corre-se o risco de que a utilização de acordos de não persecução penal (assim como as investigações penais eleitorais em sentido amplo) se converta em "palco midiático ou de acertos privilegiados com emissoras de televisão, rádio e blogueiros tão somente para divulgação da investigação ou a promoção pessoal de autoridades",[309] na esteira do alerta feito por Igor Pereira Pinheiro, que se aplica perfeitamente às inovações trazidas pelo instituto negocial.

Em relação aos vetores que devem guiar a atuação do Ministério Público no âmbito do oferecimento e da negociação de acordos de não persecução penal, Adriano Godoy Firmino pontua, ainda, que

Embora o membro do Ministério Público tenha liberdade de exercer seu ofício, essa prerrogativa deve estar conectada, e no modelo de justiça negociada com mais razão, à unidade institucional, como forma de dar legitimidade à decisão de não acusar ou, em última análise, promover a ação penal. Suas decisões

---

308 Idem. p. 280.

309 PINHEIRO, Igor Pereira. *Crimes Eleitorais e conexos: aspectos materiais e processuais.* Op. cit. p. 102.

devem estar amparadas legalmente e motivadas, visando a aplicação de um processo penal consensual justo e equitativo, sob pena de deslegitimar o próprio sistema da negociação penal.[310]

Ao que parece, somada à atuação principiológica do Ministério Público Eleitoral, a possibilidade de atribuição do sigilo necessário ao inquérito policial — a rigor, às investigações preliminares em geral, esculpido no art. 20 do CPP[311] — também precisa ser especialmente privilegiada no contexto descrito neste tópico.

É evidente que o conflito principiológico existente entre o interesse público e a privacidade do investigado (que perpassa pelo princípio da presunção de inocência) é complexo e não será aqui esgotado. O que se pretende elucidar dentro dos limites estabelecidos neste trabalho é que, no contexto de um período eleitoral, a exploração exacerbada dos termos ou das circunstâncias de um acordo de não persecução penal de eventual candidato possui consequências muito mais radicais do que a mesma conduta perpetrada em um período comum. Essas consequências extrapolam o universo jurídico (nessa extensão os riscos poderiam ser amenizados com a edição de uma Resolução específica sobre o tema), para produzir efeitos massivos na mídia e, por consequência, nos eleitores.

Causa especial estranhamento que os autos eletrônicos nos quais tramitam os acordos de não persecução penal perante a Justiça Eleitoral prossigam sem qualquer anotação especial de sigilo ou de limitação de acesso[312] — ao menos durante o período eleitoral (uma espécie de sigilo temporário que recaísse sobre o documento que contém a confissão do acusado) — dispon-

---

[310] FIRMINO, Adriano Godoy. *A legitimidade da política criminal voltada ao consenso: o acordo de não persecução penal e o papel do Ministério Público.* In: CAMBI, Eduardo. Ministério Público contemporâneo e do futuro. Belo Horizonte: Editora D'Plácido, 2021. p. 37.

[311] Art. 20. A autoridade assegurará no inquérito o sigilo necessário à elucidação do fato ou exigido pelo interesse da sociedade. Parágrafo único. Nos atestados de antecedentes que lhe forem solicitados, a autoridade policial não poderá mencionar quaisquer anotações referentes a instauração de inquérito contra os requerentes. (Redação dada pela Lei nº 12.681, de 2012)

[312] Essa hipótese foi confirmada por meio do levantamento bibliográfico realizado no presente trabalho, disponível como anexo da dissertação (tabela 3 e respectivos gráficos).

do de acesso aos termos do acordo, e em especial da confissão, qualquer eventual interessado no pleito eleitoral.

Ao que parece, a gravidade e as possíveis consequências dessa publicização — coordenada com a exposição exacerbada provocada pelo período eleitoral — ainda não foram objeto de uma preocupação específica da doutrina ou dos agentes atuantes na Justiça Eleitoral, diante da ausência de localização de material bibliográfico que abarque a hipótese aqui levantada. O tema, todavia, comporta relevância e, especialmente no que toca à consequência da exploração dos termos contidos na confissão do ANPP, será explorado no próximo capítulo deste trabalho.

3

Os reflexos para o Direito Eleitoral da confissão no acordo de não persecução penal

Nos capítulos anteriores, foi possível delinear algumas conclusões preliminares tanto sobre os aspectos gerais da justiça negocial e do acordo de não persecução penal, como sobre a aplicabilidade do instituto ao Direito Penal Eleitoral, as especificidades do rito a ser seguido perante a Justiça Eleitoral e as precauções que devem permear a atuação do Ministério Público Eleitoral quando combinadas as circunstâncias de negociação de eventual ANPP durante o período de eleição.

Apesar disso, ao leitor mais atento pode ter saltado aos olhos o fato de que — até o presente momento — este trabalho não se dedicou a construir críticas densas ou elogios otimistas à tendência de expansão da justiça penal negocial, à implementação do acordo de não persecução penal no Brasil ou mesmo à utilização do novo instituto no âmbito dos crimes eleitorais e conexos.

Essa ausência, importante dizer, não foi desproposital. É que, na esteira do já identificado por Fernando Neisser, filia-se, aqui, ao entendimento de que o papel do cientista do Direito não deve ser o de assumir uma função de mero censor das escolhas políticas-criminais e legislativas do Estado.[313] O que se deve, ao revés (e aí reside precisamente a contribuição que se pretende deixar com este trabalho), é delinear as circunstâncias e consequências dessas escolhas para encontrar os caminhos que sustentem a legitimidade da norma ou do instituto analisado.[314]

Noutras palavras, voltando-se para a hipótese delineada até aqui, o que se pretendeu — e pretende-se de modo ainda mais concreto no presente capítulo — foi a construção de uma pesquisa que auxilie na garantia de que aplicação do instituto do ANPP aos crimes eleitorais (e todas as consequências disso decorrentes) esteja sempre em consonância com o arcabouço principiológico constitucional e que seus efeitos possam ser conscientemente previstos por aqueles afetados pela pactuação de eventual acordo.

Sendo assim, o foco do último capítulo é abordar as consequências que desbordam do requisito da confissão existente nos acordos de não persecução penal, quando inseridos na realidade e nas peculiaridades da Justiça Eleitoral.

O primeiro tópico tratará sobre a multiplicidade de ações eleitorais de natureza sancionatória não-criminal[315] que podem ser instauradas para apuração dos mesmos fatos que desencadearam a pactuação de acordo de não persecução penal. Somada a essa circunstância, será explorada a questão dos múltiplos

---

313 NEISSER, Fernando Gaspar. *Crimes eleitorais e controle material da propaganda eleitoral: necessidade e utilidade da criminalização da mentira na política.* Dissertação (Doutorado em Direito) — Faculdade de Direito, Universidade de São Paulo. São Paulo, 2014. p. 124.

314 Idem. p. 124.

315 Vale a ressalva de que por "ilícitos criminais não-eleitorais" adota-se o conceito formulado por Amanda Guimarães da Cunha e Luiz Magno Bastos Jr.: "Sob a rubrica ilícitos eleitorais "não--criminais", objeto específico deste estudo, é reunido um conjunto muito díspar de condutas consideradas qualificadas como ilícitas em face das quais são cominadas sanções de diferentes matizes e intensidades. Tais condutas são qualificadas como ilícitos no Código Eleitoral, na Lei das Eleições (entre as quais, especial destaque às propagandas irregulares, às condutas vedadas aos servidores públicos, àquelas aptas a configurarem captação ilícita de sufrágio e àquelas aptas a configurarem arrecadação e gastos eleitorais irregulares), na LC 64/90 (abuso de poder e uso indevido dos meios de comunicação social) e, ainda, no próprio texto constitucional ("abuso de poder econômico, corrupção ou fraude" — art. 14, §9º). DA CUNHA, Amanda Guimarães; BASTOS JR., Luiz Magno P. *Direito Eleitoral Sancionador: o dever de imparcialidade da autoridade judicial.* São Paulo: Tirant lo Blanch, 2021. p. 66

legitimados ativos para propor essas ações, para além do Ministério Público Eleitoral (candidatos, partidos, coligações e, a partir de 2022, federações) — condição que, sobretudo num contexto de disputa eleitoral, aumenta as chances de que os detalhes da confissão contida no acordo sejam utilizados para fundamentar ações de natureza diversa.

Num segundo momento, o capítulo abordará os limites legais e jurisprudenciais para o compartilhamento da confissão realizada em acordo de não persecução penal enquanto prova para condenação do acusado em ações eleitorais não-criminais. Essa parte do estudo passará, ainda, pelo tratamento conferido pela Justiça Eleitoral à gestão da prova e às provas de natureza ilícita.

Em vias de encerramento, o último tópico do trabalho trará a discussão que toca à possibilidade de o Ministério Público Eleitoral estabelecer condição de inelegibilidade ao jurisdicionado como requisito para celebração do acordo de não persecução penal. Essa análise, necessariamente, perpassará pelos aspectos de fundamentalidade dos direitos políticos no texto constitucional,[316] pelos limites (e até mesmo disponibilidade) para negociação de direitos fundamentais, e pela natureza não apenas do instituto do ANPP, como das condições por ele estabelecidas[317] e da decisão que o homologa.

3.1 Ações eleitorais sancionatórias não-criminais e a questão dos legitimados ativos universais: a exploração dos termos do ANPP para além do Ministério Público Eleitoral

O capítulo anterior foi dedicado a abordar com maior profundidade os diversos aspectos materiais e processuais atinentes ao Direito Penal Eleitoral e aos crimes eleitorais — que, é

---

316 PAE KIM, Richard. *Fundamentalidade dos direitos políticos: elegibilidade e inelegibilidade*. Op. cit. p. 77-79.

317 ARAS, Vladimir. *Acordos penais no Brasil: uma análise à luz do direito comparado*. Op. cit. p. 64.

verdade, estão assumindo cada vez maior protagonismo no cenário jurisdicional brasileiro.

Mas o Direito Eleitoral é permeado também por uma densa previsão de ilícitos que não possuem natureza penal. Conforme antecipado na introdução deste terceiro capítulo, esse grupo de ilícitos será denominado como "ilícitos não-criminais", e diz respeito, em suma, àquelas condutas que são vedadas pela legislação eleitoral e em face das quais são determinadas obrigações, cominadas sanções pecuniárias e restritivas de direitos.[318] Nesse sentido:

> (...) as condutas reunidas sob a rubrica ilícitos eleitorais "não-criminais" encontram-se dispersas na legislação eleitoral e preveem sanções que vão desde a imposição de uma conduta (*facere* ou *non facere*), na cominação de sanção pecuniária, na imputação de medida restritiva de direito, até as mais severas sanções de inelegibilidade, de cassação de registro de candidatura e de desconstituição de um mandato eletivo.[319]

As condutas esculpidas como ilícitas estão descritas no Código Eleitoral, na Lei das Eleições, na Lei das Inelegibilidades, nas Resoluções do Tribunal Superior Eleitoral — e algumas podem ser extraídas até mesmo da dicção do texto constitucional. Esses ilícitos não-criminais englobam desde vedações previstas à propaganda eleitoral e partidária, até captação ou gastos de recursos em desacordo com a legislação, perpassando por abuso de poder econômico, político e religioso, uso indevido de meios de comunicação, captação ilícita de sufrágio, condutas vedadas a servidores públicos, etc.[320]

---

318 Como visto, nomenclatura adotada por Amanda Guimarães da Cunha e Luiz Magno Bastos Jr. em: DA CUNHA, Amanda Guimarães; BASTOS JR., Luiz Magno P. *Direito Eleitoral Sancionador: o dever de imparcialidade da autoridade judicial*. Op. cit. p. 65.

319 Idem. p. 67.

320 Cf. MILANEZ, Carlos José Cogo; PIEROBON, Flávio; PAULA, Jônatas Luiz Moreira; GARCIA, Miguel Angelo Aranega (orgs.). *Fundamentos do Direito Eleitoral*. Belo Horizonte: Editora D'Plácido, 2017. p. 93.

Dentre essa longa gama de sancionamento de condutas, uma conclusão é possível de ser alcançada desde já: no âmbito do Direito Eleitoral, são inúmeras (se não a maioria) as condutas enquadráveis tanto em ilícitos criminais, como em não-criminais. A multiplicidade sancionatória pelo mesmo fato,[321] portanto, é uma realidade posta dentro dessa mesma seara eleitoral.

E essa peculiaridade é extremamente relevante para a análise proposta no presente tópico do trabalho: qual seja, as consequências da utilização da confissão feita em acordo de não persecução penal, na Justiça Eleitoral, para fins que extrapolam o âmbito penal. Isso porque, sendo grande parte dos crimes eleitorais passíveis de sancionamento pela via cível (ou não-criminal) do Direito Eleitoral, aumenta-se a probabilidade de que os termos da referida confissão realizada em ANPP sejam utilizados — sem maiores precauções técnico-processuais — para instruir e, eventualmente, condenar os investigados nas ações eleitorais de natureza não-criminal.

Sobre essa possibilidade, vale compartilhar a constatação feita por Amanda Guimarães da Cunha e Luiz Magno Bastos Jr., de acordo com os quais "a ênfase atribuída à natureza 'cível' dos chamados ilícitos eleitorais 'não-criminais' contribui para que, em nome da preservação da legitimidade da disputa eleitoral, se promovam restrições ao exercício do devido processo legal",[322] que, a rigor, são incompatíveis com a ordem constitucional vigente (mormente se forem consideradas as graves sanções que podem derivar de uma condenação em ação eleitoral não-criminal).

---

321 Para um estudo específico sobre multiplicidade sancionatória, conferir: BACH, Marion. *Multiplicidade sancionatória estatal pelo mesmo fato: ne bis in idem e proporcionalidade.* Tese (Doutorado em Ciências Criminais) — Faculdade de Direito, Pontifícia Universidade Católica do Rio Grande do Sul. Porto Alegre, 2021. pp. 260 e ss.

322 DA CUNHA, Amanda Guimarães; BASTOS JR., Luiz Magno P. *Direito Eleitoral Sancionador: o dever de imparcialidade da autoridade judicial.* Op. cit. p. 66.

As principais medidas judiciais no processo eleitoral, nesse sentido, são: a ação de impugnação ao registro de candidatura (AIRC),[323] a ação de investigação judicial eleitoral (AIJE),[324] a representação eleitoral (que engloba representações por condutas vedadas,[325] captação ilícita de sufrágio,[326] captação e gastos ilícitos eleitorais,[327] entre outras), o recurso contra expedição de diploma (RCED)[328] e a ação de impugnação de mandato eletivo (AIME).[329, 330]

---

323 Prevista no art. 3º da Lei 64/1990: Art. 3° Caberá a qualquer candidato, a partido político, coligação ou ao Ministério Público, no prazo de 5 (cinco) dias, contados da publicação do pedido de registro do candidato, impugná-lo em petição fundamentada. § 1° A impugnação, por parte do candidato, partido político ou coligação, não impede a ação do Ministério Público no mesmo sentido. § 2° Não poderá impugnar o registro de candidato o representante do Ministério Público que, nos 4 (quatro) anos anteriores, tenha disputado cargo eletivo, integrado diretório de partido ou exercido atividade político-partidária. § 3° O impugnante especificará, desde logo, os meios de prova com que pretende demonstrar a veracidade do alegado, arrolando testemunhas, se for o caso, no máximo de 6 (seis).

324 Prevista no art. 22 da Lei 64/1990: Art. 22. Qualquer partido político, coligação, candidato ou Ministério Público Eleitoral poderá representar à Justiça Eleitoral, diretamente ao Corregedor-Geral ou Regional, relatando fatos e indicando provas, indícios e circunstâncias e pedir abertura de investigação judicial para apurar uso indevido, desvio ou abuso do poder econômico ou do poder de autoridade, ou utilização indevida de veículos ou meios de comunicação social, em benefício de candidato ou de partido político, obedecido o seguinte rito: (Vide Lei 9.504/1997).

325 Prevista nos arts. 73 a 77 da Lei 9.504/1997.

326 Prevista no art. 41-A da Lei 9.504/1997: Art. 41-A. Ressalvado o disposto no art. 26 e seus incisos, constitui captação de sufrágio, vedada por esta Lei, o candidato doar, oferecer, prometer, ou entregar, ao eleitor, com o fim de obter-lhe o voto, bem ou vantagem pessoal de qualquer natureza, inclusive emprego ou função pública, desde o registro da candidatura até o dia da eleição, inclusive, sob pena de multa de mil a cinquenta mil Ufir, e cassação do registro ou do diploma, observado o procedimento previsto no art. 22 da Lei Complementar 64, de 18 de maio de 1990. (Incluído pela Lei nº 9.840, de 1999).

327 Prevista no art. 31-A da Lei 9.504/1997: Art. 30-A. Qualquer partido político ou coligação poderá representar à Justiça Eleitoral, no prazo de 15 dias da diplomação, relatando fatos e indicando provas, e pedir a abertura de investigação judicial para apurar condutas em desacordo com as normas desta Lei, relativas à arrecadação e gastos de recursos. (Redação dada pela Lei nº 12.034, de 2009), (Vide Emenda Constitucional nº 107, de 2020).

328 Previsto no art. 262 do Código Eleitoral: Art. 262. O recurso contra expedição de diploma caberá somente nos casos de inelegibilidade superveniente ou de natureza constitucional e de falta de condição de elegibilidade. (Redação dada pela Lei nº 12.891, de 2013).

329 Prevista no art. 14, §10, da Constituição Federal: §10. O mandato eletivo poderá ser impugnado ante a Justiça Eleitoral no prazo de 15 dias contados da diplomação, instruída a ação com provas de abuso do poder econômico, corrupção ou fraude.

330 MILANEZ, Carlos José Cogo; PIEROBON, Flávio; PAULA, Jônatas Luiz Moreira; GARCIA, Miguel Angelo Aranega (orgs.). *Fundamentos do Direito Eleitoral.* Belo Horizonte: Editora D'Plácido, 2017. pp. 94 e ss.

Para fins de sistematização, Rodrigo López Zilio subdividiu essas ações eleitorais de natureza cível em dois grupos:[331] as ações de arguição de inelegibilidade, que são um meio processual para apontar a existência de um vício na capacidade eleitoral passiva de determinado candidato[332] e contemplam somente impugnação ao registro de candidatura e o recurso contra expedição de diploma;[333] e as ações de combate aos ilícitos eleitorais, que contemplam o restante do rol exposto e interessam especialmente à análise proposta nesse tópico, vez que "tratam de irregularidades cometidas no andamento eleitoral que está em curso".[334]

No que tange a essas últimas (ações de combate aos ilícitos eleitorais), todas possuem como previsão legal a possibilidade de aplicação da sanção de cassação de candidatura ou mandato — sendo que, no caso da AIJE, o art. 22, inciso XIV, da Lei 64/1990 ainda prevê a declaração de inelegibilidade por oito anos *do representado e de quantos hajam contribuído para a prática do ato.*

Em razão da especial relevância para o estudo, cumpre delimitar brevemente o objetivo das principais ações pertencentes a esse segundo grupo (ações de combate aos ilícitos eleitorais).

Iniciando pela ação de investigação judicial eleitoral (AIJE), ela tem por finalidade "apurar a prática de atos que possam afetar a igualdade dos candidatos em uma eleição, nos casos de abuso de poder[335] econômico, abuso de poder político ou de

---

331 ZILIO, Rodrigo López. *Direito Eleitoral.* Porto Alegre: Verbo Jurídico, 2016. pp. 504-506.

332 Idem. p. 505.

333 GOLAMBIUK, Paulo Henrique. *A evolução da ação de investigação judicial eleitoral e a atual posição preferencial que ostenta no combate aos abusos praticados frente aos demais instrumentos existentes no ordenamento.* In: FUX, Luiz; PEREIRA, Luiz Fernando Casagrande; AGRA, Walber de Moura (Coord.); PECCININ, Luiz Eduardo (Org.). Tratado de Direito Eleitoral, v.6: Direito Processual Eleitoral. Belo Horizonte: Fórum, 2018, p. 179.

334 ZILIO, Rodrigo López. *Direito Eleitoral.* Op. cit. p. 505.

335 Sobre abuso de poder, *lato sensu*, ensina José Jairo Gomes que: (...) por abuso de poder compreende-se o mau uso de direito, situação ou posições jurídicas com vistas a se exercer indevida e ilegítima influência em dada eleição. Para caracterizá-lo, fundamental é a presença de uma conduta em desconformidade com o Direito. GOMES, José Jairo. *Os bens jurídicos protegidos pelo art. 14, §9°, da Constituição de 1998 e a revisão das decisões das urnas.* In: FUX, Luiz; PEREIRA, Luiz Fernando Casagrande; AGRA, Walber de Moura (Coord.); PECCININ, Luiz Eduardo (Org.). Tratado de Direito Eleitoral v. 7: Abuso de poder e perda de mandato. Belo Horizonte: Fórum, 2018, p. 25.

autoridade e utilização indevida dos meios de comunicação social."[336] Como dito acima, o rito da AIJE está esculpido nos arts. 19 e 22 da Lei 64/1990, sendo que pode ser ajuizada até a data de diplomação dos eleitos.

A ação de impugnação de mandato eletivo (AIME), por sua vez, encontra guarida no próprio texto constitucional (art. 14, §10, da Constituição Federal) e "tem como objetivo atacar diretamente o mandato obtido por um candidato eleito, em face da ocorrência de abuso de poder econômico, corrupção ou fraude, podendo ser intentada até 15 dias após a expedição do diploma".[337]

As representações eleitorais, finalmente, possuem um escopo mais amplo de possibilidades temáticas previstas ao longo do Código Eleitoral, da Lei das Eleições e demais normativas eleitorais. As temáticas mais recorrentes são: representação para apuração de condutas vedadas a agentes públicos, para impugnação de propagandas e pesquisas eleitorais irregulares, para apuração de captação ilícita de sufrágio e para investigação de irregularidades relativas à arrecadação e gastos de recursos durante a campanha eleitoral.[338]

Assim, ainda que o presente estudo não busque se aprofundar no rito e nas particularidades inerentes a cada uma dessas ações, fica evidente a importância destas perante o processo eleitoral, bem como a gravidade das sanções que podem derivar de eventual condenação nesse âmbito.

Há uma circunstância que incrementa ainda mais o cenário delineado. Em relação à legitimidade ativa para a propositura de ações eleitorais, nos termos do art. 22 da Lei 64/1990 (aplicável subsidiariamente às representações eleitorais[339]), são legitima-

---

336 FERNANDES, Lília Maria da Cunha. *Jurisdição, ação e processo eleitoral*. In: DE NORONHA, João Otávio; PAE KIM, Richard. Sistema Político e Direito Eleitoral brasileiros: estudos em homenagem ao Ministro Dias Toffoli. São Paulo: Atlas, 2016. p. 447.

337 Idem. p. 450.

338 Idem. pp. 439-448.

339 Art. 30-A. (...) § 1º Na apuração de que trata este artigo, aplicar-se-á o procedimento previsto no art. 22 da Lei Complementar 64, de 18 de maio de 1990, no que couber. (Incluído pela Lei nº 11.300, de 2006);

Art. 41-A. Ressalvado o disposto no art. 26 e seus incisos, constitui captação de sufrágio, vedada

dos — além do Ministério Público Eleitoral — candidatos, partidos políticos, coligações[340] e (com o advento da Lei 14.208/2021) também as federações partidárias. Trata-se, vale dizer, de legitimidade concorrente e disjuntiva, porquanto, de acordo com o disposto no art. 96-B, §1°, da Lei 9.504/1997, *o ajuizamento de ação eleitoral por candidato ou partido político não impede ação do Ministério Público no mesmo sentido.*[341]

Na medida em que o processo eleitoral — aqui em sentido amplo — busca harmonizar as tensões existentes entre o interesse coletivo inerente à defesa do regime democrático, à lisura das eleições e à liberdade do voto com os interesses privados que derivam das disputas partidárias, a doutrina costuma descrever como complexo (embora desejável) o rol de legitimados ativos previstos pela legislação eleitoral. Sobre o tema, Michelle Pimentel Duarte pontua que

> No cenário complexo de uma eleição, os legitimados para a propositura das ações eleitorais não se despem do interesse público que os rodeia em razão do importante papel institucional a eles reservado na democracia brasileira, apesar da notória parcialidade que permeia as agremiações partidárias e seus filiados e de uma visão reducionista do fenômeno processual poder levar à crença de que, nas ações eleitorais, repetem-se puramente as tensões entre situação e oposição.[342]

---

por esta Lei, o candidato doar, oferecer, prometer, ou entregar, ao eleitor, com o fim de obter-lhe o voto, bem ou vantagem pessoal de qualquer natureza, inclusive emprego ou função pública, desde o registro da candidatura até o dia da eleição, inclusive, sob pena de multa de mil a cinquenta mil Ufir, e cassação do registro ou do diploma, observado o procedimento previsto no art. 22 da Lei Complementar no 64, de 18 de maio de 1990. (Incluído pela Lei n° 9.840, de 1999).

340 DUARTE, Michelle Pimentel. *Processo Judicial Eleitoral: jurisdição e fundamentos para uma teoria geral do processo judicial eleitoral.* Op. cit. p. 132.

341 JORGE, Flávio Cheim. *A natureza coletiva da ação eleitoral.* In: FUX, Luiz; PEREIRA, Luiz Fernando Casagrande; AGRA, Walber de Moura (Coord.); PECCININ, Luiz Eduardo (Org.). Tratado de Direito Eleitoral, v.6: Direito Processual Eleitoral. Belo Horizonte: Fórum, 2018, p. 296.

342 DUARTE, Michelle Pimentel. *Processo Judicial Eleitoral: jurisdição e fundamentos para uma teoria geral do processo judicial eleitoral.* Op. cit. p. 132.

E retornando à hipótese estudada no presente tópico e às consequências de pactuação de acordo de não persecução penal perante a Justiça Eleitoral, a complexidade apenas se incrementa.

Em que pese o fomento à participação dos sujeitos vinculados ao pleito seja louvável e esteja em consonância com os preceitos constitucionais que estruturam o regime democrático brasileiro — afinal, em última instância, a tutela da ação eleitoral é compreendida como coletiva pela doutrina majoritária[343] — entende-se que os tensionamentos e rivalidades inerentes a qualquer pleito eleitoral devem vir acompanhados de uma máxima regulação processual e probatória, voltada sempre à garantia do devido processo constitucional, do contraditório e da ampla defesa.[344]

Este, no entanto, não é o estado da arte verificado nos processos eleitorais não-criminais em trâmite perante a Justiça Eleitoral. Mesmo porque,

> em razão do interesse público e dos valores tutelados por essa via processual [das ações que obedecem ao rito da Lei das Inelegibilidades], a LC 64/90, em seu art. 23, estabelece que o Tribunal poderá formar sua convicção pela livre apreciação dos fatos públicos e notórios, dos indícios e presunções e prova produzida, atentando para circunstâncias ou fatos, ainda que não indicados ou alegados pelas partes, mas que preservem o interesse público eleitoral.[345]

---

343 São adeptos desse entendimento: JORGE, Flávio Cheim. *A natureza coletiva da ação eleitoral.* Op. Cit; DUARTE, Michelle Pimentel. *Processo Judicial Eleitoral: jurisdição e fundamentos para uma teoria geral do processo judicial eleitoral.* Op. cit.; ZILIO, Rodrigo López. *Direito Eleitoral.* Op. cit.

344 "(...) dada a especificidade dos direitos tutelados pelo Direito Eleitoral, encontra-se um dilema, pois, ao mesmo tempo que se devem observar os princípios da ampla defesa e do contraditório, deve-se evitar que haja perda do objetivo, uma vez que o mandato dura 04 anos e após esse prazo não se justifica um provimento jurisdicional, a não ser para aplicar multa [ou inelegibilidade], ou mesmo para reconhecer a inocência do candidato. Esse dilema deve ser solucionado sempre de forma a dar observância ao princípio do devido processo constitucional." GOMES, Reginaldo Gonçalves. *A celeridade no julgamento das ações eleitorais: uma afronta aos direitos fundamentais.* In: GUERRA, Arthur Magno e Silva; JUNIOR, José Alfredo de Oliveira Baracho; BERNARDES, Flávio Couto (org.). Direito Eleitoral: 30 anos de democracia. Belo Horizonte: Editora D'Plácido, 2018. pp. 411-412.

345 FERNANDES, Lília Maria da Cunha. *Jurisdição, ação e processo eleitoral.* Op. cit. p. 447.

No recorte aqui analisado, a possibilidade de que candidatos, partidos políticos, coligações ou federações acessem e utilizem de modo indiscriminado os termos de confissão realizada por acusado em acordo de não persecução penal, demostra a necessidade de regulamentação do tema — sobretudo considerando um rito processual no qual o Tribunal Eleitoral pode formar sua convicção com base em "fatos públicos e notórios".[346]

As peculiaridades verificadas na Justiça Eleitoral (incluindo a utilização e compartilhamento dos termos do ANPP que extrapolam a atuação do Ministério Público Eleitoral), assim, não parecem estar presentes em outras searas do Direito e revestem essa matéria de especial insegurança jurídica.

Constatadas as problemáticas preliminares que tocam à hipótese levantada na introdução do capítulo, o tópico subsequente será destinado à organização de um arcabouço que permita o estabelecimento de premissas e limites no que tange ao compartilhamento de provas na Justiça Eleitoral — em especial sobre a utilização da confissão em ANPP para instruir condenação em ações eleitorais de natureza não-criminal.

3.2 A confissão em ANPP como prova para condenação em ações eleitorais não-criminais: uma análise sobre as provas no Direito Penal Eleitoral

Foi analisado ao longo do capítulo introdutório desse trabalho (especialmente no tópico 1.3) os deslindes, as justificativas e as críticas tecidas pela doutrina acerca do requisito da confissão formal e circunstanciada previsto no acordo de não persecução penal brasileiro (art. 28-A do CPP).

---

[346] Art. 23, Lei 64/1990: O Tribunal formará sua convicção pela livre apreciação dos fatos públicos e notórios, dos indícios e presunções e prova produzida, atentando para circunstâncias ou fatos, ainda que não indicados ou alegados pelas partes, mas que preservem o interesse público de lisura eleitoral.

A principal preocupação demonstrada já naquele tópico recaiu sobre a possibilidade de que os termos da confissão fossem utilizados como elemento corroborador de provas produzidas nos respectivos autos penais (em caso de descumprimento ou não homologação do acordo),[347] ou em processos que tramitem em outras searas do Direito, mas movidos pelos mesmos fatos.[348] Especificamente:

> (...) também se questiona a possibilidade de utilização de tal confissão como prova em outros processos criminais ou mesmo em outras esferas do Direito, como em responsabilização civil. Ou seja, pode haver compartilhamento da prova para outros processos com o objetivo de utilização contra o imputado que realizou o ANPP?[349]

Na esteira do posicionamento adotado em outros momentos do trabalho, é preciso deixar claro que a presente obra se alinha com a parcela da doutrina (integrada por Vinicius Vasconcellos, Maria Thereza Rocha de Assis Moura, Marta Saad, Dimas Fagundes Reis, Aury Lopes Jr., dentre outros) que reputa como incompatível com o Direito Penal democrático a utilização da confissão do ANPP — havendo ou não descumprimento — para fundamentar eventual condenação do acusado."[350]

---

347 SOUZA, Renee do Ó; DOWER, Patrícia Eleutério Campos. *Algumas respostas sobre o acordo de não persecução penal.* In: Acordos de não persecução penal e cível. Salvador: Editora Juspodium, 2021. p. 126-128.

348 Trata-se do compartilhamento "com outras instâncias de apuração do mesmo fato ilícito, como procedimentos administrativos ou civis sancionatórios, a exemplo de procedimentos instaurados na Receita Federal, CADE, Banco Central, CGU, AGU, TCU, CVM ou até para instruir inquérito civil ou ação civil pública". Maria Thereza Rocha de Assis Moura e Marta Saad. In: MOURA, Maria Thereza Rocha de Assis; SAAD, Marta. *Acordo de não persecução penal: desafios já diagnosticados da reforma trazida pela Lei 13.964/2019. Op. cit.* p. 408.

349 VASCONCELLOS, Vinicius Gomes de; REIS, Dimas Antônio Gonçalves Fagundes. *Limites à utilização da confissão do imputado realizada como requisito ao acordo de não persecução penal. Op. cit*, p. 274.

350 VASCONCELLOS, Vinicius Gomes de; REIS, Dimas Antônio Gonçalves Fagundes. *Limites à utilização da confissão do imputado realizada como requisito ao acordo de não persecução penal. Op. cit*, p. 273.

E, se a questão já é complexa por não haver previsão legal expressa sobre o "destino da confissão do investigado, nas hipóteses em que, porventura, o acordo não venha a ser homologado judicialmente",[351] os deslindes se tornam ainda mais enredados quando constatada a inexistência de "previsão sobre a repercussão da confissão para além dos limites penais, notadamente em casos em que os fatos investigados têm desdobramentos em múltiplas esferas sancionatórias.".[352]

Nesse sentido, parece válida a ressalva de Renee do Ó Souza (feita no âmbito da colaboração premiada transposta às ações de improbidade, mas parcialmente aplicável à hipótese colocada neste trabalho[353]), segundo o qual

> A colaboração premiada e o acordo de leniência, que são técnicas de negociação de pena mediante o fornecimento de informações úteis, são admitidas na esfera da criminalidade organizada e na corrupção empresarial, respectivamente, e desconhecidas na esfera disciplinar e de improbidade.
>
> Até a base teórica sobre as técnicas decisórias, fruto de um desacordo valorativo e finalístico, molda a maneira de agir e de pensar determinados institutos e conduz a diferentes práticas jurídico-institucionais em cada uma dessas esferas, o que provoca uma postura processual e institucional divergente nos agentes responsáveis pela persecução em cada uma dessas instâncias (...)"[354]

E em relação aos acordos firmados na Justiça Eleitoral, a discussão se torna ainda mais peculiar diante da possibilidade de duplo sancionamento ocorrer dentro de uma mesma seara do

---

351 Maria Thereza Rocha de Assis Moura e Marta Saad. In: MOURA, Maria Thereza Rocha de Assis; SAAD, Marta. *Acordo de não persecução penal: desafios já diagnosticados da reforma trazida pela Lei 13.964/2019. Op. cit.* p. 406.

352 Idem. p. 406.

353 As diferenças entre os institutos da colaboração premiada e do acordo de não persecução penal, sobretudo em relação ao objetivo da confissão em cada um deles, foi devidamente estabelecida no tópico 1.3 deste trabalho.

354 SOUZA, Renee do Ó. *Os efeitos transversais da colaboração premiada e do acordo de leniência.* Belo Horizonte: Editora D'Plácido, 2021. p. 44.

Direito. Como visto, um mesmo fato pode ensejar a abertura de procedimento de investigação penal eleitoral e o ajuizamento de ação de investigação judicial eleitoral (AIJE), apenas para citar um exemplo — de modo que ambas tramitarão perante a própria Justiça Eleitoral.[355]

Pois bem. Apesar da ressalva feita na introdução do tópico (sobre o alinhamento deste trabalho com a corrente doutrinária que considera inaceitável a utilização da confissão feita no acordo de não persecução penal em outras instâncias e searas do Direito), é fundamental que seja analisado o estado da arte sobre essa questão especificamente no âmbito do Direito Penal Eleitoral. Até mesmo para que, por meio desses elementos concretos, seja possível realizar alguma sorte de contribuição doutrinária ou proposta de sistematização da matéria.

Ao longo das pesquisas realizadas sobre o tema do compartilhamento da confissão em acordos de não persecução penal, não se localizou nenhum estudo voltado para a realidade da Justiça Eleitoral. A pesquisa jurisprudencial sobre ANPP e crimes eleitorais, por outro lado, forneceu alguns elementos valiosos para essa análise (alguns já explorados no tópico 2.2.1).

O principal deles foi a constatação de que a utilização da confissão feita em acordo de não persecução penal para fundamentar a condenação do réu em ações eleitorais de natureza cível já é uma realidade. A hipótese foi confirmada nos autos da representação por captação ilícita de sufrágio, ajuizada com fulcro no art. 41-A da Lei das Eleições, que tramita sob o número 0600559-25.2020.6/26/0146, na 146ª Zona Eleitoral de Valparaíso/SP. A ação, interessante notar, foi proposta pelo próprio Ministério Público Eleitoral de primeira instância.

---

355 Embora, com a possibilidade de tramitarem em instâncias diferentes, como é o caso de uma eleição estadual — na qual a ação penal eleitoral (se inexistir foro) tramitará em 1º grau, perante o juiz eleitoral, e as investigações e ações não-criminais tramitarão perante o Tribunal Regional Eleitoral. O tema das competências eleitorais foi exposto no tópico 2.2.

Na seara penal eleitoral, o acusado pactuou o acordo de não persecução com o mesmo Ministério Público Eleitoral (autos sob número 0600557-55.2020.6/26/0146, que também tramitaram perante a 146ª Zona Eleitoral de Valparaíso/SP), tendo o ANPP sido homologado em 30 de junho de 2021. Os termos do acordo foram os seguintes:

> O IMPUTADO obrigar-se-á, a partir da homologação do presente acordo, a prestar serviço à comunidade ou a entidade pública, a ser indicada pelo Juízo das Execuções Criminais, pelo período de 04 (quatro) meses à razão de 08 (oito) horas por semana (art. 28-A, III, do CPP) ou O IMPUTADO obrigar-se-á, no prazo de 30 dias, a pagar um salário mínimo à entidade pública ou de interesse social a ser indicada pelo Juízo das Execuções Penais (art. 28-A, IV, do CPP). O IMPUTADO se compromete a, mensalmente, comprovar ao Juízo das Execuções Criminais o cumprimento das condições, independente de notificação ou aviso prévio, devendo, quando for o caso, por iniciativa própria, apresentar imediatamente e de forma documentava eventual justificativa para o não cumprimento do acordo; O IMPUTADO se compromete a comunicar, ao Juízo das Execuções Penais, qualquer alteração de endereço, número de telefone ou e-mail, independentemente de notificação ou aviso prévio.

Por outro lado, sem que qualquer notícia de descumprimento do acordado fosse juntada aos autos, o Ministério Público Eleitoral ajuizou também a representação eleitoral por captação ilícita de sufrágio, que foi julgada procedente em 05 de outubro de 2021, embasando expressamente o arcabouço probatório na confissão feita no acordo de não persecução penal. Veja-se trecho da sentença:

> Os depoimentos colhidos, bem como o laudo pericial acostado aos autos (laudo 377.782/2020) e a confissão do requerido ao firmar Acordo de Não Persecução Penal com o Ministério Público, comprovam que o requerido ofertou quantia em dinheiro para convencer eleitor a votar no próprio representado, sendo que tais fatos ocorreram no período eleitoral. A finalidade especial

> de agir (obtenção de voto do eleitor) também ficou caracterizada vez que o representado não só ofereceu quantia em dinheiro para eleitor em troca de seu voto, mas também tentou arregimentá-lo para que convencesse outros eleitores a vender o voto.
>
> (...)
>
> Ante o exposto, JULGO PROCEDENTE a representação formulada pelo MINISTÉRIO PÚBLICO ELEITORAL em face de J. B. de S. e o faço para CONDENAR o requerido pela prática de captação ilícita de sufrágio, nos termos do art. 41-A da Lei n.º 9.504/97, aplicando ao representado multa de 5.000,00 UFIRs.

A sentença foi confirmada pelo Tribunal Regional Eleitoral de São Paulo em 15 de fevereiro de 2022, oportunidade na qual o colegiado analisou de modo mais detido a legalidade da utilização da confissão para fundamentar a condenação do réu. O TRE/SP, com efeito, firmou o entendimento de que o compartilhamento da confissão feita em ANPP é meio de prova válido, eis que — em tese — o Tribunal Superior Eleitoral admitiria o uso de prova emprestada de procedimento investigatório criminal. Eis o teor do acórdão, no que toca à utilização da confissão:

> Como prova emprestada, foram juntados o termo de audiência e a gravação produzidos nos autos da Notícia Crime nº 0600557-55.2020.6/26/0146 (IDs 63777337 e 63777336).
>
> Nesse ponto, no termo da audiência conciliatória de não persecução penal, feita no bojo da Notícia Crime nº 0600557-55.2020.6/26/0146, consta que o investigado, J.B. de S., confessou espontaneamente a prática do crime tipificado no art. 299, do Código Eleitoral (corrupção eleitoral), e aceitou o acordo proposto pelo Ministério Público (ID 63777336).
>
> Por seu turno, é necessário registrar que a jurisprudência da Corte Superior Eleitoral admite o uso de prova emprestada legalmente produzida em procedimento investigatório criminal (Precedente: TSE, Agravo Regimental em Recurso Especial Eleitoral nº 1635 – Ipuaçu/SC, rel. Min. Jorge Mussi, DJE de 17/04/2018).
>
> Desse modo, o termo da audiência conciliatória de não persecução penal feita nos autos da Notícia Crime nº 0600557-55.2020.6/26/0146 (ID 63777336) é meio de prova válido neste

caso, até mesmo porque ele foi juntado aos autos antes da audiência de instrução e das alegações finais, ou seja, a defesa teve oportunidade de se manifestar com relação a esse documento, em observância aos princípios do contraditório e da ampla defesa.

Nesse termo, observa-se, novamente, que o recorrente confessou a prática do crime tipificado no art. 299, do Código Eleitoral, *in verbis*, e aceitou o acordo proposto pelo Ministério Público com respaldo no art. 28-A, do Código de Processo Penal.[356]

Do precedente oriundo do Tribunal Regional Eleitoral do Estado de São Paulo é possível extrair, no mínimo, três conclusões preliminares que merecem posterior análise: a primeira é a de que a confissão feita em ANPP foi utilizada, sem maiores ressalvas ou diferenciações, como prova apta a corroborar uma condenação; a segunda é a de que o entendimento jurisprudencial sobre compartilhamento de provas no âmbito eleitoral está sendo aplicado sem maiores precauções técnico-processuais; a terceira conclusão diz respeito à aparente ausência de comunicabilidade sistêmica entre as searas criminal e cível da Justiça Eleitoral — vez que, no caso, transmitiram comandos opostos ao jurisdicionado.

Sobre a primeira conclusão — utilização da confissão como prova — algumas observações merecem ser feitas. A primeira delas é a de que, na estrutura do acordo de não persecução penal brasileiro, a confissão não pode pressupor o reconhecimento jurídico expresso de culpa pelo investigado, já que figura como verdadeiro requisito para a celebração do acordo.[357]

Mais a mais, nas palavras de Rogério Sanches Cunha, "a culpa, para ser efetivamente reconhecida, demanda o devido processo legal".[358] E Victor Augusto Estevam Valente complementa:

---

356 O feito sob número 0600559-25.2020.6/26/0146 transitou em julgado em 02 de março de 2022.

357 "Apesar de pressupor sua confissão, não há reconhecimento expresso de culpa pelo investigado. Há, se tanto, uma admissão implícita de culpa, de índole puramente moral, sem repercussão jurídica." CUNHA, Rogério Sanches. *Pacote Anticrime — Lei 13.964/2019: comentários às alterações do CP, CPP e LEP*. Salvador: Juspodivm, 2020. p. 131 e ss.

358 Idem. No mesmo sentido, ver: STEIN, Ana Carolina Fillipon. *Acordo de não persecução penal e*

> (...) a sentença homologatória do ANPP é meramente declaratória da legalidade e regularidade do acordo, não havendo qualquer juízo de mérito sobre a responsabilidade criminal do investigado.
>
> (...)
>
> Inconteste que a confissão ofertada em ANPP é de cariz puramente moral, não possuindo qualquer repercussão no universo jurídico. Essa confissão prescinde de processo formal (devido processo legal judicial ou procedimental) e sequer há contraditório imediato ou real, não comportando qualquer discussão de mérito. Trata-se de confissão meramente formal e circunstancial a ser considerada pelo órgão de acusação e, em sequência, submetida ao controle de legalidade do magistrado.[359]

Outro problema de técnica processual verificado nessa premissa, segundo João Paulo Martinelli, é o de que — sendo o juiz o destinatário da prova — os meios de prova só podem ser efetivamente apresentados quando já houver propositura da ação penal. É dizer, "se não houver ação penal, como no momento da investigação pré-processual, não há que se falar em provas. O que se busca na investigação são elementos mínimos para a propositura da ação penal."[360]

Logo, porquanto produzida em momento pré-processual de procedimento investigatório, entende-se que a confissão feita no contexto do acordo de não persecução penal não pode simplesmente adquirir a qualidade e os contornos de prova no âmbito judicial não-criminal (inclusive por meio da menção de precedentes que dizem respeito à prova) — como parece ter

---

presunção de inocência: a (im)possibilidade da presença do direito fundamental à presunção de inocência em ambiente extraprocessual negocial. In: DE BEM, Leonardo Schmitt e MARTINELLI, João Paulo (Orgs.). Acordo de não persecução penal. Belo Horizonte. D' Plácido, 2020. pp. 44.

359 VALENTE, Victor Augusto Estevam. *Reparação do dano e os reflexos da confissão pré-processual no acordo de não persecução penal.* In: DE BEM, Leonardo Schmitt e MARTINELLI, João Paulo (Orgs.). Acordo de não persecução penal. Belo Horizonte. D' Plácido, 2020. pp. 332-333.

360 MARTINELLI, João Paulo. *A (ir)relevância da confissão no acordo de não persecução penal.* In: DE BEM, Leonardo Schmitt e MARTINELLI, João Paulo (Orgs.). Acordo de não persecução penal. Belo Horizonte. D' Plácido, 2020. p. 311.

ocorrido, ao menos pela terminologia utilizada, no mencionado precedente do TRE/SP.

E esse ponto está diretamente conectado com a segunda conclusão alcançada após a análise do precedente: a de que o entendimento jurisprudencial sobre compartilhamento de provas no âmbito eleitoral foi aplicado sem a observância das precauções mínimas do devido processo legal e da presunção de inocência.

A um porque a jurisprudência do Tribunal Superior Eleitoral mencionada no acórdão do TRE/SP[361] faz expressa referência ao termo "prova emprestada" — no qual a confissão em sede de ANPP não pode ser enquadrada, conforme exposto nos parágrafos anteriores. Ademais, o Tribunal Superior Eleitoral, até o presente momento, não se pronunciou especificamente acerca da possibilidade (ou não) de utilização e compartilhamento de informações obtidas por meio de mecanismos oriundos da justiça penal negocial — em especial o acordo de não persecução penal.

A dois porque, mesmo sendo o Direito Eleitoral um importante instrumento da democracia, valer-se de um requisito para pactuação de acordo de não persecução penal, como se prova fosse, constitui verdadeira transgressão à ordem constitucional, que não pode ser admitida na seara eleitoral mesmo que "em prol de um (pretenso) 'interesse público'".[362]

Para encerrar esse ponto, convém rememorar a ressalva feita por Vinicius Vasconcellos e Dimas Fagundes Reis, acerca da (im) possibilidade de compartilhamento das alegações fornecidas ao longo da pactuação de institutos penais negociais:

> (...) há julgados da 2ª Turma do Supremo Tribunal Federal[363] no sentido de que o Estado não pode utilizar as provas[364] produzi-

[361] AgR-REspe nº 1635/SC, Relator Ministro Jorge Mussi, DJe de 17/4/2018.

[362] BARCELOS, Guilherme. *Processo judicial eleitoral & provas ilícitas: a problemática das gravações ambientais clandestinas*. Curitiba: Juruá, 2016. pp. 144-145.

[363] STF, Inq 4420-AgRg, 2ª Turma, Rel. Ministro Gilmar Mendes. julgado em 28/08/2018; STF, PET 7065-AgRg, 2ª Turma, Rel. Ministro Edson Fachin, julgado em 30/10/2018.

[364] Embora os autores façam referência à terminologia "prova" — quiçá por estarem tratando do instituto da colaboração premiada — entende-se, como ressalvado anteriormente, que o termo

das por colaboradores contra eles próprios em outros processos, salvo se houver aderência e respeito aos limites e benefícios previstos no acordo. Isso porque tais provas, incluindo a confissão, são produzidas pelo imputado com renúncia ao direito à não autoincriminação, tendo em vista os benefícios e termos pactuados no acordo, de modo que a sua utilização sem a contraprestação, por qualquer motivo, ainda que por descumprimento, é atuação abusiva ao violar o direito à não autoincriminação.

Partindo de tais premissas, pensa-se que a confissão realizada como condição ao ANPP não pode ser compartilhada para outros processos penais ou não penais, salvo se houver a inclusão de cláusula expressa no acordo, por exemplo, sobre assunção de responsabilidade civil.[365]

Por fim, a terceira conclusão alcançada por meio da análise do precedente oriundo do Tribunal Regional Eleitoral do Estado de São Paulo, é a ausência de uma sistematização dialogável entre as searas cível e penal do Direito Eleitoral no que tange aos mecanismos de consenso no processo. E um exemplo claro dessa falta de comunicabilidade foi exposto no tópico 2.1 deste trabalho: enquanto a Justiça Eleitoral Cível é avessa às possibilidades e aos institutos de autocomposição (vide a Resolução TSE Resolução 23.478/2016 e ressalvados raros exemplos de realização de audiência de conciliação em ações eleitorais), a Justiça Eleitoral Penal recepcionou e aderiu em larga escala os institutos consensuais (desde os previstos pela Lei 9.099/1995, até o ANPP e a colaboração premiada).

Parte da doutrina tenta justificar essa dicotomia com base na natureza coletiva supostamente inerente às ações eleitorais não-criminais.[366] Isso porque "(...) as regras que envolvem o su-

---

não se aplica ao instituto da confissão feita em sede de acordo de não persecução penal.

365 VASCONCELLOS, Vinicius Gomes de; REIS, Dimas Antônio Gonçalves Fagundes. *Limites à utilização da confissão do imputado realizada como requisito ao acordo de não persecução penal. Op. cit*, p. 274.

366 JORGE, Flávio Cheim. *A natureza coletiva da ação eleitoral.* Op. Cit; DUARTE, Michelle Pimentel. *Processo Judicial Eleitoral: jurisdição e fundamentos para uma teoria geral do processo judicial eleitoral.* Op. cit.; ZILIO, Rodrigo López. *Direito Eleitoral.* Op. cit.

frágio, o exercício da democracia direta (...) são temas de interesse de toda a coletividade e não apenas daqueles que estejam envolvidos na campanha eleitoral"[367] — assim, seria impossível que a condução da ação ou rito processual ficassem à disposição das partes litigantes.

O caminho de simplesmente fechar as portas para a via da autocomposição no âmbito cível, no entanto, parece ser deveras radical — ainda mais baseada no fundamento da coletividade da tutela eleitoral. É que a natureza coletiva da tutela e as possibilidades de consenso, negociação ou autocomposição não são de todo incompatíveis, sendo um bom exemplo disso a introdução do instituto do acordo de não persecução cível no ordenamento jurídico brasileiro, também por meio da Lei 13.964/2019.[368]

Assim, entende-se que uma possibilidade viável para, ao menos, reduzir a incomunicabilidade entre as esferas cível e penal do Direito Eleitoral — e evitar respostas contraditórias a um mesmo fato jurídico (justificáveis somente com base na premissa, que não é absoluta, da independência entre as instâncias) — seria compatibilizar gradualmente o processo eleitoral não-criminal com os institutos da autocomposição e do consenso. Não por uma defesa otimista dos institutos, mas, sim, porque essa tendência parece ser juridicamente irreversível.

Com a abertura do Direito e do Processo Eleitorais Cível a essa tendência do consenso, será possível racionalizar acordos de não persecução que abarquem (ou ao menos prevejam) as consequências do fato em apuração em todas as searas da Justiça Eleitoral, de modo a conferir maior segurança jurídica ao

---

367 JORGE, Flávio Cheim. *A natureza coletiva da ação eleitoral.* Op. Cit. p. 292.

368 "Nas convenções sujeitas ao Direito Público, é assaz relevante timbrar como argumento basal a inexistência de desvalia ao princípio do interesse público nem ao seu predicado de indisponibilidade, senão uma releitura de sua compreensão fomentada por princípios como eficiência, razoabilidade, proporcionalidade, que oferecem outras perspectivas baseadas na consensualidade, e cujo fim é a efetividade. Persiste a indisponibilidade do interesse público, embora seja diferente o modo de seu exercício. MARTINS JUNIOR, Wallace Paiva. *Acordo de não persecução cível.* In: BARROS, Francisco Dirceu. Acordos de não persecução penal e cível. Salvador: Editora Juspodium, 2021. p. 324.

jurisdicionado e ao instituto — o que parece ser de todo compatível com os princípios democráticos e do devido processo esculpidos no texto constitucional.

Por outro lado, não há dúvidas de que a melhor alternativa evidenciada para solucionar desde a origem as problemáticas oriundas da confissão no acordo de não persecução penal, seria substituir a obrigatoriedade da confissão circunstanciada pela recepção do simples silêncio do acusado (como previsto na transação penal, por exemplo). Na esteira do apontado no tópico 1.3, esse silêncio poderia ser recepcionado como uma espécie de confissão tácita,[369] ou como *nolo contendere* (quando o acusado não admite sua culpabilidade, mas concorda em renunciar ao processo penal)[370] — opção adotada com sucesso pela experiência italiana do *patteggiamento*.[371]

Cumpre rememorar que a confissão não é uma característica inevitável ou essencial do instituto do ANPP, sendo possível se conceber a existência do acordo de não persecução penal sem a obrigatoriedade de uma confissão formal e circunstanciada. Nesse sentido, João Paulo Martinelli faz importante observação que destaca a desnecessidade da confissão para o bom funcionamento do instituto:

> Sendo um meio de prova, a confissão para o oferecimento do acordo parece ser mais um castigo ao acusado do que um requisito político-criminalmente válido para a concessão. (...)
>
> Há um vício na exigência da confissão: se não houver justa causa para a ação penal, a investigação deve ser arquivada; se a justa causa estiver presente, a confissão é desnecessária.[372]

---

369 In: MOURA, Maria Thereza Rocha de Assis; SAAD, Marta. *Acordo de não persecução penal: desafios já diagnosticados da reforma trazida pela Lei 13.964/2019. Op. cit.* p. 406.

370 KIRCHER, Luis Felipe Schneider. *Justiça Penal Negocial e Verdade: há algum tipo de conciliação possível?* Op. cit. p. 75.

371 LANGER, Máximo. *Dos transplantes jurídicos às traduções jurídicas: a globalização do plea bargaining e a tese da americanização do processo penal.* Op. cit, pp. 30 e ss.

372 MARTINELLI, João Paulo. *A (ir)relevância da confissão no acordo de não persecução penal.* Op. cit. p. 311.

> Logo, por mais esse viés, que expõe a contradição existente na implementação de uma confissão formal e circunstanciada como requisito para pactuação de acordo de não persecução penal, a alternativa apresentada parece se mostrar viável, sem afetar de modo algum a legitimidade e a efetividade do instituto.

Abordadas e analisadas as hipóteses suscitadas neste tópico — acerca das consequências e possíveis alternativas referentes à confissão no âmbito do acordo de não persecução penal firmado perante a Justiça Eleitoral — ainda é necessário explorar um último viés que deriva da relação entre ANPP e os crimes eleitorais: a possibilidade, ou não, de previsão de cláusulas de inelegibilidade no bojo do acordo. Esse tema será objeto do tópico subsequente — que encerrará o presente trabalho.

3.3 Natureza jurídica do acordo de não persecução penal: discussões sobre cláusula de suspensão de direitos políticos e atração de inelegibilidade

Após terem sido traçadas as principais características, peculiaridades e consequências da pactuação de acordos de não persecução penal perante a Justiça Eleitoral, o trabalho se voltará para a discussão referente à possibilidade de o órgão acusador estabelecer condição de inelegibilidade ao jurisdicionado como requisito para celebração do acordo. A discussão reside, precisamente, na amplitude que pode (ou não) ser conferida ao inciso V, do art. 28-A, do CPP, segundo o qual no âmbito do acordo pode constar "outra condição indicada pelo Ministério Público, desde que proporcional e compatível com a infração penal imputada".

Essa questão tem motivado intenso debate entre os estudiosos do Direito Penal Eleitoral e dividido opiniões. Por um lado, Luiz Carlos dos Santos Gonçalves e Vera Lúcia Taberti são favoráveis à possibilidade de que o Ministério Público Eleitoral proponha a condição de que o acusado não se candidate a eleições por período determinado. Os autores defendem que nos crimes eleitorais de médio ou grande potencial ofensivo, a condenação firme ou colegiada importará na inelegibilidade por oito anos, para além do cumprimento da pena (Lei Complementar 64/90). É medida de defesa social que, a nosso ver, pode ser incluída na proposta, desde que, como a lei demanda, seja proporcional.

> A evitação da inelegibilidade será, certamente, uma das razões pelas quais haverá interesse nos acordos de não persecução penal, por parte de pessoas investigadas. Se a proposta incluir o mesmo tempo de inelegibilidade, as propostas terão menor chance de aceitação. Todavia, um período menor pode ser adequada medida de defesa social, sem deixar de interessar aos destinatários da proposição, por ser menos severo do que o resultante do êxito negativo no processo.[373]

A opinião é endossada por Silmar Fernandes e Fernanda Rocha Martins, para os quais — em posição ainda mais rigorosa — não seria possível pensar em reprovação e prevenção a um crime eleitoral sem invocar a inelegibilidade.[374] Em específico, defendem esses autores que a inelegibilidade deve sempre estar presente nos acordos de não persecução penal pactuados no âmbito eleitoral, invocando para tanto a *mens legis* da Lei da Ficha Limpa:

> No caso dos crimes eleitorais, considerando que se deve preservar a lisura e regularidade das eleições, bem como que a Lei da Ficha Limpa surgiu de uma mobilização popular pela moralidade da política, deve-se, necessariamente, impor a

---

[373] GONÇALVES, Luiz Carlos dos Santos; TABERTI, Vera Lúcia. *Acordo de não persecução penal nos crimes eleitorais: Seria estranho se o Ministério Público Eleitoral pudesse oferecer acordo apenas para crimes conexos.* Op. Cit.

[374] FERNANDES, Silmar; MARTINS, Fernanda Rocha. A inelegibilidade na aplicação do acordo de não persecução penal aos crimes eleitorais. Revista Consultor Jurídico, 25 de setembro de 2020. Disponível em: <https://www.conjur.com.br/2020-set-25/fernandes-martins-inelegibilidade-aplicabilidade-acordo-nao-persecucao-penal-aos-crimes-eleitorais>. Acesso em 12/03/2022.

inelegibilidade como condição para celebração do acordo de não persecução penal. (...)

Permitir o acordo sem impor a inelegibilidade àquele que pratica crimes eleitorais seria tornar letra morta a Lei da Ficha Limpa, desconsiderando-se os propósitos republicanos e moralizadores que marcaram sua edição. Portanto, a única maneira de compatibilizar o acordo de não persecução penal com a necessidade de reprovação e prevenção dos crimes eleitorais é impor ao acusado um prazo em que ficará inelegível.[375]

Também em reflexão sobre o tema, Alessi Brandão ponderou que, em relação à possibilidade de imposição de inelegibilidade como condição para o ANPP, "milita a seu favor o próprio *caput* do art. 28-A do Código de Processo Penal, o qual estabelece que o acordo só poderá ser proposto pelo *Parquet* se 'necessário e suficiente para reprovação e prevenção do crime'."[376] A autora ainda pondera que o requisito da confissão formal e circunstanciada, aliado à previsão da Lei 64/1990 que prevê a inelegibilidade quando do cometimento de crimes eleitorais, poderia ser interpretada como uma autorização para que o Ministério Público condicione a pactuação do acordo à inelegibilidade.[377]

De outro lado, Volgane Oliveira Carvalho (reconhecido estudioso do instituto da inelegibilidade[378]) entende pela impossibilidade de sua fixação como condição em acordo de não persecução penal. Isso por três motivos essenciais: primeiro, porque as inelegibilidades não possuem natureza jurídica de sanção; segundo, porque os direitos políticos constituem direitos fundamentais que não poderiam ser renunciados em nome da pactuação de um negócio jurídico; terceiro, porque a natureza do ANPP

---

375 Idem.

376 BRANDÃO, Alessi. *A inelegibilidade nos acordos de não persecução penal nos crimes eleitorais*. Revista Consultor Jurídico, 26 de fevereiro de 2022. Disponível em: <https://www.conjur.com.br/2022-fev-26/alessi-brandao-inelegibilidade-anpps-crimes-eleitorais>. Acesso em 12/03/2022.

377 Idem.

378 Cf. CARVALHO, Volgane Oliveira. *Manual das inelegibilidades*. 2. ed. Curitiba: Juruá, 2018.

não é condenatória — de modo que não restaria preenchido um requisito intrínseco para a configuração de inelegibilidade (que é a "condenação criminal definitiva ou realizada por órgão colegiado").[379] Desse modo, conclui o autor:

> Esse conjunto é mais que suficiente para impedir oferta de ANPP que apresente inelegibilidade como uma das condições para a obtenção do benefício. As medidas despenalizadoras não foram desenhadas para refletir os efeitos de uma sentença condenatória que jamais existirá no mundo jurídico. Tais figuras existem para dotar o operador jurídico de alternativas mais eficazes para alcançar as finalidades da pena sem repetir os métodos clássicos que reconhecem a punição como única ou principal finalidade da pena.[380]

As divergências interpretativas elencadas acima demonstram a necessidade de uma análise cautelosa sobre o tema. Essa investigação precisa passar pelas seguintes etapas: a identificação da natureza jurídica do acordo de não persecução penal e das condições por ele estabelecidas; a averiguação da extensão interpretativa atribuída ao art. 28-A, inciso V, do Código de Processo Penal; e uma ponderação sobre a fundamentalidade dos direitos políticos no texto constitucional, bem como sobre a disponibilidade para negociá-los.

Antes disso, no entanto, é imperioso que sejam feitas algumas considerações sobre o instituto da inelegibilidade. O conceito atribuído pelo Tribunal Superior Eleitoral é o de que "a inelegibilidade importa no impedimento temporário da capacidade eleitoral passiva do cidadão, que consiste na restrição de ser votado, não atingindo, portanto, os demais direitos políticos, como, por exemplo, votar e participar de partidos políticos".[381] Em suma,

---

379 CARVALHO, Volgane Oliveira. *Da impossibilidade da fixação de inelegibilidade como condição em acordo de não persecução penal*. Op. cit. p. 15.

380 Idem.

381 Conceito extraído do AgRgAg 4.598, Rel. Ministro Fernando Neves, julgado em 03/06/2004 — TSE. In: CARVALHO, Volgane Oliveira. *Manual das inelegibilidades*. Op. Cit. p. 41.

trata-se de um obstáculo que impede a postulação de mandato eletivo pelo cidadão que a atraiu.[382]

No que tange à natureza jurídica das inelegibilidades, Volgane Carvalho destaca que há grande dissenso em torno dessa qualificação. Enquanto parte da doutrina (que o autor reputa ser minoritária) enquadra a inelegibilidade como sanção,[383] essa posição teria perdido força com a decisão proferida pelo Supremo Tribunal Federal quando do julgamento das ações diretas de constitucionalidade 29 e 30 — acerca da compatibilidade entre a Lei da Ficha Limpa e o texto constitucional.[384] De todo modo, Volgane Carvalho sintetiza que

> Como defendido pela maioria dos estudiosos, as inelegibilidades afiguram como uma redução do espectro, seja temporal, seja espacial, seja de ambos, dos direitos políticos passivos. (...)
>
> Diante desses dados, é certo que as inelegibilidades possuem natureza jurídica de limitação constitucional de direitos fundamentais, visto que decorrem de um plano do constituinte, que reduzindo o espectro de ação do direito de sufrágio passivo, estabeleceu critérios mínimos para a ocupação de cargos sujeitos à eleição.[385]

O rol taxativo de hipóteses aptas a atrair a inelegibilidade, como já dito, está esculpido na Constituição Federal e, no que interessa a este trabalho, na Lei 64/1990 — com a redação dada pela Lei da Ficha Limpa. Feita essa análise introdutória sobre as inelegibilidades e sua natureza jurídica, é possível prosseguir em relação à natureza jurídica do acordo de não persecução penal.

---

382 WOCHNICKI, Daniela de Cássia. *Crimes eleitorais e inelegibilidade*. In: FUX, Luiz; PEREIRA, Luiz Fernando Casagrande; AGRA, Walber de Moura (Coord.); PECCININ, Luiz Eduardo (Org.). Tratado de Direito Eleitoral, v.8: Direito Penal e Processo Penal Eleitoral. Belo Horizonte: Fórum, 2018. p. 148.

383 Cf. DA COSTA, Soares Adriano. *Instituições do Direito Eleitoral: teoria da inelegibilidade*. Belo Horizonte: Fórum, 2013.

384 CARVALHO, Volgane Oliveira. *Manual das inelegibilidades*. Op. Cit. p. 42.

385 Idem. pp. 43-44.

Como adiantado no Capítulo 1, há certa consonância doutrinária no sentido de caracterizar o ANPP como negócio jurídico.[386] Nesse sentido, trata-se de um verdadeiro negócio jurídico processual (com uma fase extrajudicial e uma fase judicial), celebrado entre o Ministério Público e o jurisdicionado — que se submete ao cumprimento de condições não privativas de liberdade e, em contrapartida, o órgão acusatório deixa de oferecer denúncia ao caso penal.[387]

Estabelecida a natureza de negócio jurídico processual do ANPP, é também importante caracterizar a natureza jurídica das obrigações assumidas pelo jurisdicionado no bojo do acordo — ou seja, se trata-se de pena ou de obrigação negocial.[388]

Como também já visto no capítulo introdutório, o entendimento que afasta a natureza de pena das obrigações assumidas pelo acusado no ANPP parece ser o que melhor se amolda à concepção de Direito Penal democrático,[389] já que concebidas sob o manto do Direito consensual. Ademais, importante ressaltar que não há na perspectiva do acordo de não persecução penal o requisito da imperatividade ou da obrigatoriedade de cumprimento das obrigações assumidas pelo jurisdicionado — características que são fundamentais ao conceito de pena.[390]

---

386 Cf: CABRAL, Rodrigo Leite Ferreira. *Manual do acordo de não persecução penal — à luz da Lei 13.964/2019 (Pacote Anticrime). Op. cit.* p. 89; MUNIZ, Gina Ribeiro G; ROCHA, Jorge B; SANTIAGO, Nestor Eduardo Araruna. *Qual é o alcance temporal do acordo de não persecução penal?* In: Boletim IBCCRIM, Ano 29, nº 349, dezembro de 2021, p. 13; MOREIRA, Rômulo de Andrade. *O acordo de não persecução penal.* In. DE BEM, Leonardo Schmitt e MARTINELLI, João Paulo (Org.). Acordo de não persecução penal. Belo Horizonte. D' Plácido, 2020.

387 MUNIZ, Gina Ribeiro G; ROCHA, Jorge B; SANTIAGO, Nestor Eduardo Araruna. *Qual é o alcance temporal do acordo de não persecução penal?* Op. Cit. p. 13.

388 CABRAL, Rodrigo Leite Ferreira. *Manual do acordo de não persecução penal — à luz da Lei 13.964/2019 (Pacote Anticrime). Op. cit.* p. 90-93.

389 Cumpre relembrar "o ato de impor uma pena sempre consistirá em uma forma de agredir, independentemente dos objetivos que sejam projetados com esta agressão. (...) A referida gravidade cobra que miremos as manifestações do Direito penal com redobrados cuidados e reservas." BUSATO, Paulo César. *Fundamentos para um Direito Penal democrático.* São Paulo: Atlas, 2015, p. 144.

390 CABRAL, Rodrigo Leite Ferreira. *Manual do acordo de não persecução penal — à luz da Lei 13.964/2019 (Pacote Anticrime).* Op. cit. pp. 90-91.

No mesmo sentido, Victor Augusto Estevam Valente pontua que "as condições impostas ao investigado não têm natureza de pena (...); constituem, em sua essência, obrigações de fazer, de não fazer ou de entregar coisa"[391] — conceitos muitos próximos, vale dizer, do direito contratual.[392] Vladimir Aras também coaduna com esse posicionamento, "os acordos de que tratam o art. 28-A do CPP e o art. 18 da Resolução CNMP 181/2017 não são penais, já que não impõem pena. Não havendo acusação criminal (denúncia) nem processo penal, não há nem pode haver pena".[393]

Feito esse recorte, já parece ser possível fixar uma premissa no que tange à (im)possibilidade de estabelecimento de cláusula de inelegibilidade em ANPP: não possuindo o acordo, nem suas condições, natureza penal, não há como se aventar a atração automática da Lei 64/1990 — porquanto os seus dispositivos expressamente preveem (em rol taxativo) que ela incide sobre aqueles que foram "condenados, em decisão transitada em julgado ou proferida por órgão judicial colegiado" pelos crimes descritos na alínea "e".[394]

Exatamente igual foi a conclusão alcançada pela I Jornada de Direito Eleitoral do Tribunal Superior Eleitoral,[395] que aprovou o seguinte enunciado por meio da Portaria TSE 348, de 28 de maio de 2021:

> Enunciado 59. O acordo de não persecução penal não configura título condenatório e, portanto, não gera a inelegibilidade do art. 1º, I, alínea "e".

---

391 VALENTE, Victor Augusto Estevam. *Reparação do dano e os reflexos da confissão pré-processual no acordo de não persecução penal.* Op. Cit. p. 332.

392 "Todos esses conceitos civilistas são imprescindíveis para examinar as bases e fundamentos de um acordo de não persecução penal. A partir destas premissas, é possível deduzir que o ANPP é um negócio jurídico com características de um contrato". ROSA, Alexandre Moraes da; ROSA, Luísa Walter da; BERMUDEZ, André Luiz. *Como negociar o acordo de não persecução penal: limites e possibilidades.* Florianópolis: Emais, 2021. p. 43.

393 ARAS, Vladimir. *Acordos penais no Brasil: uma análise à luz do direito comparado.* Op. cit. p. 60.

394 Art. 1º, I, *e*, da Lei 64/1990.

395 I Jornada de Direito Eleitoral do TSE resulta em 63 novos enunciados e 57 achados relevantes. Op. cit.

Constatado que, *a priori*, o acordo de não persecução penal não tem o condão de atrair automaticamente a inelegibilidade da Lei 64/1990, cabe investigar qual a extensão e o alargamento que a doutrina e a jurisprudência têm atribuído ao inciso V, art. 28-A, do CPP, para verificar se essa extensão permitiria a inclusão de uma condição que extrapole as "alternativas punitivas existentes no próprio ordenamento jurídico penal e previstas no Código Penal, na Lei 9.099/1995 e no Código de Processo Penal".[396]

No que tange ao levantamento jurisprudencial realizado sobre os ANPPs firmados perante a Justiça Eleitoral, foi possível concluir que somente sete dos 235 acordos analisados continham cláusula específica de inelegibilidade, com base no inciso V do art. 28-A.

Apesar da pouca expressividade numérica, constata-se que a jurisprudência eleitoral parece admitir a legalidade da inserção de cláusula de inelegibilidade em ANPP, eis que em todos os precedentes mencionados o acordo foi homologado pelo juízo eleitoral.

No entanto, diante da Justiça Comum, é digno de nota que a 3ª Vara Criminal de Uberlândia/MG anulou, em março de 2021, nos autos sob número 0016823-45.2020.8/13/0702, um acordo de não persecução penal justamente por conter em suas condições uma cláusula de inelegibilidade do acusado (ex-vereador do município) pelo período de oito anos.[397]

O ANPP — que apurava o cometimento de irregularidades na destinação de verba parlamentar — foi considerado ilegal pelo Juízo, porquanto "o ANPP não configura pena antecipada a ponto de caracterizar inelegibilidade, sendo tal acordo inconstitucional e ilegal nessa parte, não estando este Juízo obrigado a cumprir ordem manifestamente ilegal".[398]

---

396 CARVALHO, Volgane Oliveira. *Da impossibilidade da fixação de inelegibilidade como condição em acordo de não persecução penal.* Op. cit. p. 14.

397 HIGÍDIO, José. *ANPP que propõe inelegibilidade de parlamentar é considerado ilegal.* Revista Consultor Jurídico. Op. cit.

398 Idem.

Portanto, é possível depreender que até o momento de conclusão desta obra a jurisprudência pátria não firmou entendimento sólido sobre a legalidade, ou não, da inclusão de cláusula de inelegibilidade no âmbito de acordo de não persecução penal. Diante disso, é necessário buscar na doutrina o alcance que se tem conferido ao art. 28-A, inciso V, do Código de Processo Penal.

Rodrigo Cabral, sobre a questão, defende que a fixação de cláusula com condição adicional prevista pelo Ministério Público, deve se estabelecer dentro das seguintes restrições: precisa ser uma medida proporcional, compatível com a infração penal imputada ao jurisdicionado e estabelecida por prazo determinado.[399] Logo, em interpretação manifestamente aberta do inciso V, o autor conclui que seria possível a previsão de cláusula que contenha "compromisso de não se candidatar a cargo público ou de não exercer função em confiança, de prestar concurso público, que teria efeitos análogos à suspensão dos direitos políticos (CF, art. 15, II)".[400] Note-se que apesar de o autor equiparar a cláusula à suspensão de direito políticos — ao revés da inelegibilidade — essa diferenciação terminológica (que é relevante para o estudo específico do tema[401]) não parece ter efeitos determinantes na análise interpretativa proposta nesse ponto.

Por outro lado, em interpretação mais restritiva do dispositivo, Alexandre Moraes da Rosa, Luísa Walter da Rosa e André Luz Bermudez defendem que os parâmetros e limites existentes nessa liberdade de negociação entre as partes merece máxima atenção, devendo permanecer sempre dentro do que é democraticamente aceito, vez que "no momento da negociação o Ministério Público está em posição de vantagem".[402] Apesar de não fazer referência explícita à impossibilidade de fixação de inelegibilida-

---

399 CABRAL, Rodrigo Leite Ferreira. *Manual do acordo de não persecução penal — à luz da Lei 13.964/2019 (Pacote Anticrime).* Op. cit. pp. 164-165.

400 Idem. p. 165.

401 Cf. CARVALHO, Volgane Oliveira. *Manual das inelegibilidades.* Op. Cit. pp. 45-47.

402 ROSA, Alexandre Moraes da; ROSA, Luísa Walter da; BERMUDEZ, André Luiz. *Como negociar o acordo de não persecução penal: limites e possibilidades.* Op. Cit. p. 67.

de, os autores parecem convergir para esse entendimento — ao estabelecerem premissas e limites voltados aos parâmetros democráticos (que, por evidente, estão estritamente conectados à manutenção dos direitos políticos).

O presente trabalho tende a coadunar com essa interpretação razoavelmente restritiva do inciso V do art. 28-A, CPP, cujos limites residem — como adiantado — nas punições existentes no próprio ordenamento jurídico penal (Código Penal, Lei 9.099/1995 e Código de Processo Penal).[403] A posição que mais se aproxima dos preceitos de Direito Penal democrático defendidos até aqui, portanto, é a de Volgane Carvalho:

> Nesse ambiente, as melhores opções que cumprem os objetivos do legislador e mantém-se imunes à crítica estão indiciadas no próprio CPP, são as medidas cautelares diversas da prisão conforme previsão do art. 319.
>
> Esse bloco fornece as condições que o Ministério Público pode escolher caso, pretenda utilizar-se da prerrogativa do art. 28-A, V. (...) Entendo que jamais a poderá haver acordo de não persecução penal em que a inelegibilidade seja contratada como condição necessária ao seu sucesso.[404]

E para corroborar essa conclusão, não menos importante é a análise acerca da fundamentalidade dos direitos políticos albergados no texto constitucional e da disponibilidade dos jurisdicionados para negociá-los. Sobre o tema, Richard Pae Kim leciona que inexistem dúvidas sobre o *status* de direito fundamental da elegibilidade, na medida em que "os direitos políticos são direitos públicos subjetivos fundamentais conferidos ao cidadão que propicia a sua participação nos negócios políticos do Estado".[405]

---

403 CARVALHO, Volgane Oliveira. *Da impossibilidade da fixação de inelegibilidade como condição em acordo de não persecução penal.* Op. cit. p. 14.

404 Idem. p. 15.

405 PAE KIM, Richard. *Fundamentalidade dos direitos políticos: elegibilidade e inelegibilidade.* Op. Cit. p. 81.

São, portanto, direitos de participação que decorrem diretamente do princípio democrático do Estado de Direito.[406]

Como consequência, sendo os direitos políticos verdadeiros direitos fundamentais, boa parte da doutrina sustenta a tese da inalienabilidade, ou indisponibilidade, desses direitos, consistente na concepção de que em relação a eles "estão excluídos quaisquer atos de disposição, quer jurídica — renúncia, compra e venda, doação –, quer material — destruição material do bem".[407] Em síntese, a indisponibilidade não admite que o titular do direito o torne impossível de ser exercido para si mesmo, de modo que — e essa peculiaridade interessa especialmente para o ponto em estudo — "a preterição de um direito fundamental não estará sempre justificada pelo mero fato de o titular do direito nela consentir".[408]

Voltando para a hipótese em exame (possibilidade de inclusão de cláusula de inelegibilidade em ANPP), em que pese seja admitida pela doutrina constitucional contemporânea que alguns direitos fundamentais sejam pontualmente restringidos em prol de uma finalidade "tolerada pela ordem constitucional",[409] esse não parece ser o caso verificado no âmbito de uma negociação em acordo de não persecução penal.

Isso por dois motivos principais: a vantagem detida pelo Ministério Público no momento da negociação,[410] que parece

---

406 É também o que defende Bruno Karpstein Romanelli: "Tendo estas considerações em mente, não há qualquer dúvida em relação à fundamentalidade dos direitos políticos na Constituição de 1988. E não poderia ser de outro modo, pois estão contidos no exercício outros direitos. (...) Portanto, resta evidenciado que, para além de uma relação comum entre os direitos políticos estarem inseridos nos direitos fundamentais, eles são indissociáveis, sendo um pressuposto do outro." ROMANELLI, Bruno Karpstein. *A desconsideração da fundamentalidade dos direitos políticos: uma análise alicerçada nas restrições da legislação eleitoral.* In: SANTANO, Ana Claudia; LORENZETTO, Bruno Meneses; GABARDO, Emerson (Coord.). Direitos fundamentais na nova ordem mundial: Livro do I Congresso Internacional — Direitos Fundamentais na Nova Ordem Mundial. Curitiba: Íthala, 2018. p. 398.

407 MENDES, Gilmar Ferreira; BRANCO, Paulo Gustavo Gonet. *Curso de Direito Constitucional.* São Paulo: Saraiva Educação, 2019. p. 145.

408 Idem. p. 145.

409 Idem. p. 146.

410 ROSA, Alexandre Moraes da; ROSA, Luísa Walter da; BERMUDEZ, André Luiz. *Como negociar*

verdadeiramente macular qualquer sorte de disponibilidade voluntária do direito fundamental;[411] e a desnecessidade de que o jurisdicionado sequer considere a possibilidade de negociar e restringir seus direitos políticos, desde que se fixe normativamente a regra de vedação de cláusulas de inelegibilidade em ANPP. É claro que essa última premissa necessitará estar acompanhada de um arcabouço doutrinário e jurisprudencial que vede a recusa no oferecimento de acordo por parte do órgão de acusação tão somente com base na impossibilidade de tornar o investigado inelegível.

Por todas as conclusões construídas ao longo deste trabalho, entende-se pela impossibilidade de inserção de cláusula de inelegibilidade no acordo de não persecução penal. Mas, acima de tudo, defende-se que essa impossibilidade (em razão até mesmo de contrariar a base principiológica dos direitos fundamentais) não poderá figurar, isoladamente, como fundamento para que o Ministério Público se recuse a oferecer o acordo no âmbito dos crimes eleitorais — ou demais crimes previstos no rol da Lei 64/1990.

---

o acordo de não persecução penal: limites e possibilidades. Op. Cit. p. 67.

411 Sobre os papeis desempenhados pelas partes durante a negociação, ver: ROSA, Alexandre Moraes da; ROSA, Luísa Walter da; BERMUDEZ, André Luiz. *Como negociar o acordo de não persecução penal: limites e possibilidades.* Op. Cit. pp. 167 e ss.

CONCLUSÃO

O presente trabalho se propôs, numa perspectiva ampla, a analisar a relação e as tensões existentes entre o Direito Eleitoral e o instituto do acordo de não persecução penal. Especificamente, o mote era investigar as possíveis consequências decorrentes do requisito da confissão no ANPP em relação às peculiaridades que tocam o processo eleitoral e sua seara não-criminal.

Com o encerramento de todas as etapas propostas na introdução, é importante que se diga, foi possível alcançar conclusões preliminares valiosas ao estudo do Direito Penal consensual e conclusões finais que confirmaram a hipótese de pesquisa concebida quando da idealização e limitação do tema aqui investigado.

Sendo assim, num primeiro momento, identificou-se que a introdução do acordo de não persecução penal no ordenamento jurídico brasileiro significou uma ruptura importante no sistema penal persecutório pátrio.

Ao lado disso, confirmou-se uma premissa importante no estudo do ANPP — a de que o modelo de Justiça Penal Negocial passa por um momento (aparentemente irreversível) de expansão otimista no Brasil — conectado, é verdade, com a própria expansão dos limites e do alcance do Direito Penal. O pano de fundo desse contexto, é o clamor da população (traduzido pelos legisladores) por mais eficiência, eficácia e agilidade no exercício do Direito Penal. Ou seja, a inserção de mecanismos de natureza penal consensual no ordenamento jurídico consiste em escolhas político-criminais voltadas à produção legislativa[412]

O trabalho identificou, no Brasil, a presença de institutos oriundos da Justiça Penal Negocial desde os anos 1990. Primeiro

---

[412] Sobre o espaço da política-criminal na edição e aprovação de leis, consultar: FERREIRA, Carolina Costa. *A política criminal no processo legislativo.* Belo Horizonte: Editora D'Plácido, 2017. pp. 35 e ss.

na Lei de Crimes Hediondos (que previu causa de diminuição de pena para o partícipe que denunciasse seu bando ou quadrilha), depois — de modo mais marcante — pela edição da Lei 9.099/1995, que instituiu Juizados Especiais Criminais e dispôs sobre os institutos da transação penal, da suspensão condicional do processo e da composição dos danos civis, limitados às infrações de menor potencial ofensivo. Ainda, foi possível constatar que o desenvolvimento da Justiça Penal Negocial brasileira foi sensivelmente marcado pela edição da edição da Lei 12.850/2013, que regulamentou o instituto da colaboração premiada.

Num segundo momento, delineou-se as características e requisitos do acordo de não persecução penal brasileiro, concluindo-se que o modelo previsto pela Resolução 181/2017 do CNMP é muito semelhante ao posteriormente instituído pela Lei 13.964/2019, de modo que não foram constatadas descontinuidades significativas nas práticas que já vinham permeando o cotidiano do Ministério Público. Entre as mudanças mais notáveis, o trabalho identificou as seguintes: afastamento da vedação do acordo para os crimes hediondos ou equiparados e criação de um mecanismo de controle em caso de recusa da proposta pelo Ministério Público (remessa dos autos ao órgão superior).

Após identificar a natureza jurídica de negócio jurídico processual do ANPP — bem como a consequência não-penais de suas condições e da decisão homologatória –, concluiu-se que a introdução dos acordos de não persecução penal no ordenamento jurídico brasileiro veio acompanhada por um notável rol de dúvidas (e insegurança jurídica) que residem, sobretudo, no recorte temático proposto neste trabalho: o requisito da confissão formal e circunstanciada previsto no art. 28-A, *caput*, CPP.

No que tange à obrigatoriedade da confissão, utilizou-se as premissas do processo penal acusatório para analisar criticamente o requisito existente no instituto e concluir, no final do primeiro capítulo, pela prescindibilidade da confissão no âmbito do acordo de não persecução penal. A tópico, ainda, permitiu alcançar conclusões preliminares sobre a impossibilidade de utilização da confissão para fins estranhos ao da homologação do acordo de não persecução penal.

Estabelecidos os primeiros contornos sobre o estudo proposto, foi possível tangenciar a relação específica entre o Direito Eleitoral e a Justiça Negocial. Nesse ponto, concluiu-se pela absoluta aversão do Direito Eleitoral Cível aos métodos de autocomposição, na medida em que o Direito Penal Eleitoral aderiu com ênfase aos institutos penais consensuais (tanto aos instituídos pela Lei 9.099/1995, quanto ao ANPP).

Adentrando no universo do Direito Penal Eleitoral, constatou-se que enquanto a utilização dos mecanismos despenalizadores na Lei 9.099/1995 pode ser interpretada como oriundos de uma primeira onda do Direito Penal Eleitoral (aplicação dos tipos penais eleitorais compreendidos como tradicionais, quase todos de menor potencial ofensivo), as discussões que circundam a colaboração premiada e o ANPP na seara eleitoral estão conectados com uma verdadeira (e recente) mudança de paradigma jurisprudencial sobre a competência para julgamento dos crimes conexos aos eleitorais. A Justiça Eleitoral passou, assim, a investigar e julgar crimes mais graves e complexos.

No momento seguinte, o trabalho perquiriu sobre a aplicabilidade do acordo de não persecução penal aos crimes eleitorais, concluindo-se sem maiores dificuldades que o instituto foi amplamente recepcionado pelo Direito Penal Eleitoral. Delineou-se, ainda, o rito e as competências específicas para essa seara, além de ter sido elaborado um levantamento jurisprudencial completo acerca dos acordos já homologados perante as instâncias ordinárias da Justiça Eleitoral.

Para finalizar o segundo capítulo, investigou-se as especificidades inerentes à pactuação de acordo de não persecução penal durante o pleito eleitoral. Especial atenção foi dedicada ao papel dos meios de comunicação e, acima de tudo, do Ministério Público Eleitoral nesse contexto. Foi possível concluir que a instituição, mais do que em qualquer outro momento, deve permanecer adstrita à sua missão democrática, dentro dos limites principiológicos e constitucionais, a fim de evitar qualquer sorte de desequilíbrio no pleito eleitoral.

Finalmente, o terceiro capítulo voltou-se à investigação das hipóteses principais que motivaram o desenvolvimento da pesquisa: os reflexos eleitorais desencadeados pela confissão feita em acordo de não persecução penal perante a Justiça Eleitoral.

No tópico introdutório do capítulo, que abordou a multiplicidade de ações eleitorais não-criminais e a existências de um rol extenso de legitimados ativos para propô-las, concluiu-se ser elevada a possibilidade de que candidatos, partidos políticos, coligações ou federações utilizem os termos de confissão realizada em acordo de não persecução penal por eventual concorrente eleitoral. Defendeu-se, assim, a necessidade de regulamentação do tema — e de maior atenção à premissa instituída pelo art. 23 da Lei 64/1990, segundo a qual "o Tribunal formará sua convicção pela livre apreciação dos fatos públicos e notórios, dos indícios e presunções e prova produzida, atentando para circunstâncias ou fatos, ainda que não indicados ou alegados pelas partes".

No segundo tópico, o trabalho abordou de modo mais profundo o estado da arte sobre o compartilhamento de elementos oriundos da confissão em ANPP, na Justiça Eleitoral, como meio de prova apto a embasar a condenação do jurisdicionado em ações eleitorais cíveis. Após constatar que essa já é uma realidade presente na Justiça Eleitoral, concluiu-se pela impossibilidade do compartilhamento dos termos do acordo de não persecução penal para qualquer fim estranho ao próprio ANPP — em razão da absoluta incongruência dessa hipótese com os princípios da legalidade e do devido processo.

Também concluiu-se que a confissão não é uma característica essencial do instituto do ANPP, sendo possível se conceber a existência do acordo de não persecução penal sem a obrigatoriedade de uma confissão formal e circunstanciada — perspectiva que, igualmente, expõe a contradição existente na implementação de uma confissão formal e circunstanciada como requisito para pactuação de acordo de não persecução penal.

O trabalho foi encerrado com o estudo sobre a (im)possibilidade de inserção de cláusula de inelegibilidade no acordo de não persecução penal — com fundamento na tipificação de delitos que estão previstos no rol da Lei 64/1990. A conclusão final, em sintonia com a construção doutrinária sistematizada ao longo da dissertação, foi pela impossibilidade de inserção de cláusula de inelegibilidade no acordo — seja pela inexistência de natureza de sanção penal nas condições fixadas pelo ANPP, seja em razão da hipótese representar manifesta restrição de direito político fundamental, desacompanhada de expressa previsão legal.

REFERÊNCIAS

AIETA, Vânia Siciliano. Criminalização da política: a falácia da "judicialização da política" como instrumento democrático. Rio de Janeiro: Lumen Juris, 2017.

AIRES, Murilo T.; FERNANDES, Fernando A. A colaboração premiada como instrumento de politica criminal: a tensão em relação às garantias fundamentais do réu colaborador. Revista Brasileira de Direito Processual Penal, Porto Alegre, v. 3, n. 1, p. 253-284, jan./abr. 2017. Disponível em: <https://doi.org/10.22197/rbdpp.v3i1.46>.

ALMEIDA NETO, Manoel Carlos. Direito eleitoral regulador. São Paulo: Revista dos Tribunais, 2014.

ALVES, Jamil Chaim. Justiça consensual e plea bargain. In: BARROS, Francisco Dirceu. Acordos de não persecução penal e cível. Salvador: Editora Juspodium, 2021. p 185-206.

ALVES, Lorenzo Moreira. Os efeitos cíveis do acordo de não persecução penal no Direito Penal empresarial. Disponível em: <https://migalhas.uol.com.br/depeso/324636/os-efeitos-civeis-do-acordo-de-nao-persecucao-criminal-no-direito--penal-empresarial>. Acesso em 07/01/2022.

ANDRADE, Flávio S. Justiça penal consensual. Salvador: JusPodivm, 2019.

ANDRADE, Mauro Fonseca; BRANDALISE, Rodrigo da Silva. Resolução 181 do CNMP — art. 18º. In: Investigação criminal pelo Ministério Público: comentários à Resolução 181 do Conselho Nacional do Ministério Público. FISCHER, Douglas; ANDRADE, Mauro Fonseca. Porto Alegre: Livraria do Advogado, 2017.

ARAS, Vladimir. Acordos penais no Brasil: uma análise à luz do direito comparado. In: BARROS, Francisco Dirceu. Acordos de não persecução penal e cível. Salvador: Editora Juspodium, 2021. p. 57-128.

ARAÚJO, Bruno Viana; PIRES LEAL, Gabriel Bustamante. ANPP e a interpretação de normas processuais de conteúdo material na jurisprudência dos tribunais superiores. In: Boletim IBCCRIM, Ano 29, nº 348, novembro de 2021.

ARAÚJO, Raul Lustosa Bittencourt de. Acordo de não persecução na Justiça Eleitoral: peculiaridades da aplicação no âmbito criminal e perspectivas para a implementação na seara cível. (Trabalho de Conclusão do Curso de Direito) — Universidade Federal do Ceará, Faculdade de Direito, Fortaleza, 2020.

BACH, Marion. Multiplicidade sancionatória estatal pelo mesmo fato: ne bis in idem e proporcionalidade. Tese (Doutorado em Ciências Criminais) — Faculdade de Direito, Pontifícia Universidade Católica do Rio Grande do Sul. Porto Alegre, 2021.

_________. O instituto da confissão e a (atual) compreensão pelos tribunais brasileiros. In. DE FARIAS, Alexandre Ramalho; DAS NEVES, Alexandre Cavalli; GONÇALVES, Guilherme Henrique. Sistema penal no estado democrático de direito: estudos em homenagem aos 30 anos de docência do professor Luiz Renato Skroch Andretta. São Paulo: Tirant lo Blanch, 2021. pp. 129-143.

BADARÓ, Gustavo Henrique. Processo penal. 5. ed. São Paulo: RT, 2018.

BALTAZAR JUNIOR, José Paulo. Crimes Federais. 11ª ed. — São Paulo: Saraiva, 2017.

BANDEIRA, Maria Paula Pessoa Lopes; SANTOS, Maris Stephany dos. Da impossibilidade do autorregramento da vontade das partes no processo eleitoral. In: FUX, Luiz; PEREIRA, Luiz Fernando Casagrande; AGRA, Walber de Moura (Coord.); PECCININ,

Luiz Eduardo (Org.). Tratado de Direito Eleitoral, v.6: Direito Processual Eleitoral. Belo Horizonte: Fórum, 2018, pp. 273-290.

BARBUGIANI, Fernando Augusto Sormani; CILIÃO, Éllen Crissiane de Oliveira; BELMIRO, Thainá de Paula. Aspectos polêmicos do acordo de não persecução penal (ANPP): Caráter negocial; limites à retroatividade; possibilidade de uso da confissão em caso de descumprimento; semelhanças e diferenças com a colaboração premiada. In: CAMBI, Eduardo (org.). Ministério público contemporâneo e do futuro. Belo Horizonte, São Paulo: D'Plácido, 2021. pp. 393-420.

BARCELOS, Guilherme. A jurisdição penal eleitoral entre a normatividade constitucional e o "canto da sereia": competência e composição da Justiça Eleitoral brasileira após a decisão do STF nos autos do inquérito 4435. Florianópolis: Resenha Eleitoral. v. 23, n. 2, 2019. pp. 139-160.

__________. Processo judicial eleitoral & provas ilícitas: a problemática das gravações ambientais clandestinas. Curitiba: Juruá, 2016.

BARROS, Francisco Dirceu. Princípios estruturantes do acordo de não persecução penal. In: BARROS, Francisco Dirceu. Acordos de não persecução penal e cível. Salvador: Editora Juspodium, 2021. pp. 129-155.

__________; LEITE, Janiere Portela. Análise da possibilidade de aplicar os institutos do juizado especial criminal aos crimes eleitorais (Parte 01). GenJurídico, 14/11/2016. Disponível em: <http://genjuridico.com.br/2016/01/14/analise-da-possibilidade-de-aplicar-os-institutos-do-juizado-especial-criminal-aos-crimes-eleitorais-parte-01/>

__________; PAES, Janiere Portela Leite. Direito eleitoral criminal — tomo I. Direito Material. Curitiba: Juruá, 2016.

BATISTA, Nilo. Introdução crítica ao Direito Penal brasileiro. Rio de Janeiro: Revan, 2017.

BECHARA, Fábio Ramazzini. Prova emprestada e a preclusão do contraditório. Ciências Penais: Revista da Associação Brasileira de Professores de Ciências Penais, São Paulo, v. 8, n. 14, p. 315-343, jan./jun. 2011.

BETTA, Emerson de Paula. Da inconstitucionalidade e irrelevância do requisito da confissão no ANPP. Disponível em: <https://www.conjur.com.br/2020-mar-17/tribuna-defensoria-inconstitucionalidade-irrelevancia-confissao-anpp> Acesso em 07/01/2022.

BITTAR, Walter Barbosa. Delação Premiada: direito estrangeiro, doutrina e jurisprudência. 2. ed. Rio de Janeiro: Lumen Juris, 2011.

BOBBIO, Norberto; MATTEUCCI, Nicola; PASQUINO, Gianfranco. Dicionário de política. Brasília: Editora Universidade de Brasília, 2010.

BOTTINI, Pierpaolo Cruz. A homologação e a sentença na colaboração premiada na ótica do STF. In: BOTTINI, Pierpaolo Cruz; MOURA, Maria Thereza de Assis. Colaboração Premiada. São Paulo: Editora Revista dos Tribunais, 2017. pp. 185-200.

BORGHI, Fátima Aparecida de Souza. Ministério Público Eleitoral. Revista do Advogado, São Paulo, ano 24, n. 79, p. 69-80, out. 2004.

BRANDALISE, Rodrigo da Silva. Justiça penal negociada: negociação da sentença criminal e princípios processuais relevantes. Curitiba: Juruá, 2016.

BRANDÃO, Alessi. A inelegibilidade nos acordos de não persecução penal nos crimes eleitorais. Revista Consultor Jurídico, 26 de fevereiro de 2022. Disponível em: <https://www.conjur.com.br/2022-fev-26/alessi-brandao-inelegibilidade-anpps-crimes-eleitorais>.

BRANDÃO, Beno; MORAES, Felipe Américo. Confissões inocentes nos acordos de não persecução penal. IBDPE: Instituto Brasileiro de Direito Penal Econômico, 18 de agosto de 2020. Disponível em: <https://ibdpe.com.br/confissoes-inocentes-anpp/>. Acesso em 22/01/2022.

BRANDÃO, Nuno. Acordos sobre a sentença penal: problemas e vias de solução. In: Revista Julgar, n. 25, 2015.

BUSATO, Paulo César. Atuação Penal do Ministério Público. Necessidade de uma aproximação a partir da defesa do Regime Democrático. In: ESSADO, Tiago Cintra; CHOUKR, Fauzi Hassan; Oliveira William Terra de (org.). Ministério Público: pensamento crítico e práticas transformadoras. Belo Horizonte: Editora D'Plácido. 2018. pp. 131-152.

__________. Fundamentos para um Direito Penal democrático. São Paulo: Atlas, 2015.

CABRAL, Rodrigo Leite Ferreira. A Confissão Circunstanciada dos fatos como condição para a celebração do acordo de não persecução penal. In. DE BEM, Leonardo Schmitt e MARTINELLI, João Paulo (Orgs.). Acordo de não persecução penal. Belo Horizonte. D' Plácido, 2020.

__________. Manual do acordo de não persecução penal — à luz da Lei 13.964/2019 (Pacote Anticrime). Salvador: Juspodivm, 2020.

__________. O acordo de não-persecução penal criado pela nova Resolução do CNMP. Revista Consultor Jurídico, 18 de setembro de 2017. Disponível em: <https://www.conjur.com.br/2017-set-18/rodrigo-cabral-acordo-nao-persecucao-penal--criado-cnmp>.

CAMARGO, Pedro Luís de Almeida. O risco de overcharging na prática negocial do processo penal brasileiro. In: Boletim IBCCRIM, Ano 29, nº 344, julho de 2021, pp. 29-30

CASARA, Rubens. O processo penal do espetáculo: ensaios sobre o poder penal, a dogmática e o autoritarismo na sociedade brasileira. Florianópolis: Empório do Direito, 2015.

CARVALHO, Volgane Oliveira. Da impossibilidade da fixação de inelegibilidade como condição em acordo de não persecução penal. Boletim ABRADEP #2, Janeiro/2022. pp. 13-17.

__________. Manual das inelegibilidades. 2. ed. Curitiba: Juruá, 2018.

CASTRO, Edson de Resende. Curso de Direito Eleitoral. Belo Horizonte: Del Rey, 2020

CESCA, Brenno Gimenes. Prova emprestada no processo penal. Curitiba: Juruá, 2016.

CHOUKR, Fauzi Hassan. Código de Processo Penal: Comentários consolidados e crítica jurisprudencial. Belo Horizonte: Editora D'Plácido, 2019.

COMISSÃO ESPECIAL — GNCCRIM — Enunciados interpretativos da Lei nº 13.964/2019- Lei Anticrime. Disponível em: <https://criminal.mppr.mp.br/arquivos/File/GNCCIM_-ANALISE_LEI_ANTICRIME_JANEIRO_2020.pdf>. Acesso em 06/01/2022.

COSTA, Walter. Dicionário do voto. Brasília: Editora Universidade de Brasília, 2000.

COUTINHO, Jacinto Nelson de Miranda; CARVALHO, Edward Rocha de. Acordos de delação premiada e o conteúdo ético mínimo do Estado. Revista de Estudos Criminais, São Paulo, n. 22, a. VI, p. 75-84, abr./jun. 2006.

__________. Plea bargaining no processo anticrime: crônica de um desastre anunciado. Boletim IBCCRIM, v. 27, n. 317. São Paulo: IBCCRIM, abr. 2019.

CUNHA, Rogério Sanches. Pacote Anticrime — Lei 13.964/2019: Comentário às alterações no CP, CPP e LEP. Salvador: Editora JusPodivm, 2020.

CUNHA, Vítor S. Acordos de admissão de culpa no processo penal. Salvador: JusPodivm, 2019.

DA COSTA, Soares Adriano. Instituições do Direito Eleitoral: teoria da inelegibilidade. Belo Horizonte: Fórum, 2013.

DA CUNHA, Amanda Guimarães; BASTOS JR., Luiz Magno P. Direito Eleitoral Sancionador: o dever de imparcialidade da autoridade judicial. São Paulo: Tirant lo Blanch, 2021.

DA SILVA, Juliana Ferreira. O plea bargain e as falsas confissões: uma discussão necessária no sistema de justiça criminal. Boletim IBCCRIM, v. 27, n. 318. São Paulo: IBCCRIM, abr. 2019.

DAVID, Décio Franco; INCOTT JR., Paulo R. Colaboração premiada: natureza jurídica e possibilidade de comunicação dos efeitos da colaboração para esferas extrapenais. In: GOMES, L. F.; SILVA, M. R.; MANDARINO, R. P. (Org.). Colaboração premiada. Belo Horizonte: D'Plácido, 2018. p. 101-119.

__________. O futuro exige o novo: O acordo de não persecução penal exige a implementação de um sistema acusatório. In. DE BEM, Leonardo Schmitt e MARTINELLI, João Paulo (Orgs.). Acordo de não persecução penal. Belo Horizonte. D' Plácido, 2020.

DE ARAGÃO, Eugênio José Guilherme; GONÇALVES, Luiz Carlos dos Santos. Ministério Público Eleitoral: uma introdução. In: DE NORONHA, João Otávio; PAE KIM, Richard. Sistema Político e Direito Eleitoral brasileiros: estudos em homenagem ao Ministro Dias Toffoli. São Paulo: Atlas, 2016. pp. 259-286.

DE AVELAR, Daniel Ribeiro Surdi; DE MATTOS, Rodrigo Castor. Acordo de não persecução penal: a atuação ex officio do Poder Judiciário. Revista Consultor Jurídico, 05 de abril de 2021. Disponível em: <https://www.conjur.com.br/2021-abr-05/opiniao-anpp-atuacao-ex-officio-poder-judiciario#_ftnref21>.

DE BEM, Leonardo Schmitt e DE BEM, Viviane Aquino. Acordo de não persecução penal: Análise crítica a partir de suas fontes normativas. In DE BEM, Leonardo Schmmit e MARTINELLI, João Paulo (Orgs.). Acordo de não persecução penal. Belo Horizonte: Editora D'Placido, 2020.

DE BEM, Leonardo Schmitt e MARTINELLI, João Paulo (Orgs.). Acordo de não persecução penal. Belo Horizonte. D' Plácido, 2020.

__________; CUNHA, Mariana Garcia. Crimes Eleitorais. 3ª ed. Belo Horizonte: Editora D'Plácido, 2018.

DE CASTRO, Carolina Soares Castelliano Lucena e NETTO, Fábio Prudente. Comentários sobre a exigência da confissão no acordo de não persecução penal. Disponível em: <https://www.conjur.com.br/2020-fev-15/opiniao-exigencia-confissao-acordo-nao-persecucao-penal> Acesso em 07/01/2022.

DE FARIAS, Alexandre Ramalho; ZEIDLER, Ervin Fernando. Acordo de não persecução penal: direito subjetivo do investigado ou poder/dever do Ministério Público no exercício de política criminal do Estado? In. DE FARIAS, Alexandre Ramalho; DAS NEVES, Alexandre Cavalli; GONÇALVES, Guilherme Henrique. Sistema penal no estado democrático de direito: estudos em homenagem aos 30 anos de docência do professor Luiz Renato Skroch Andretta. São Paulo: Tirant lo Blanch, 2021. pp. 337-350.

DE MORAES, Alexandre Rocha Almeida; BECHARA, Fábio Ramazzini. Acordo de não persecução penal e restrição das hipóteses de cabimento a partir dos mandados constitucionais de criminalização. In: SALGADO, Daniel de Resende; KIRCHER, Luis Felipe Schneider; DE QUEIROZ, Ronaldo Pinheiro. Justiça Consensual: acordos criminais, cíveis e administrativos. São Paulo: Editora JusPodivm, 2022. pp. 419-448.

DE-LORENZI, Felipe da Costa. Justiça negociada e fundamentos do Direito Penal: pressupostos e limites materiais para os acordos sobre a sentença penal no Brasil. Tese (Doutorado em Ciências Criminais) — Faculdade de Direito, Pontifícia Universidade Católica do Rio Grande do Sul. Porto Alegre, 2020.

DERVAN, Lucian E.; EDKINS, Vanessa A. The innocent defendant's dilemma: an innovative empirical study of plea bargaining's innocence problem. J., Crim. L & Criminology, 2013.

DÍAZ, Miguel; CONLLEDO, García. La responsabilidad política ni implica ni presupone ni excluye la responsabilidad penal. In: LEITE, Alaor; TEIXEIRA, Adriano (Org). Crime e Política. Rio de Janeiro: FGV Editora, 2017.

DINO, Nicolao. A colaboração premiada na improbidade administrativa: possibilidade e repercussão probatória. In: SALGADO, Daniel R.; QUEIROZ, Ronaldo P. (Org.). A prova no enfrentamento à macrocriminalidade. 2. ed. Salvador: JusPodivm, 2016.

DOTTI, Rene Ariel e SCANDELARI, Gustavo Britta. Acordo de não persecução e de aplicação imediata da pena: o plea bargain brasileiro. Boletim IBCCRIM, v. 27, n. 317. São Paulo: IBCCRIM, abr. 2019.

_________. A crise do sistema penal. São Paulo: Revista dos Tribunais, v. 88, n. 768, out. 1999.

DUARTE, Michelle Pimentel. Processo Judicial Eleitoral: jurisdição e fundamentos para uma teoria geral do processo judicial eleitoral. Curitiba: Juruá, 2016.

FENELON, Bernardo. A colaboração premiada unilateral. São Paulo: Editora Dialética, 2022.

FERNANDES, Lília Maria da Cunha. Jurisdição, ação e processo eleitoral. In: DE NORONHA, João Otávio; PAE KIM, Richard. Sistema Político e Direito Eleitoral brasileiros: estudos em homenagem ao Ministro Dias Toffoli. São Paulo: Atlas, 2016. pp. 431-452.

FERNANDES, Silmar; MARTINS, Fernanda Rocha. A inelegibilidade na aplicação do acordo de não persecução penal aos crimes eleitorais. Revista Consultor Jurídico, 25 de setembro de 2020. Disponível em: <https://www.conjur.com.br/2020-set-25/fernandes-martins-inelegibilidade-aplicabilidade-acordo-nao-persecucao-penal-aos-crimes-eleitorais>.

FERREIRA, Carolina Costa. A política criminal no processo legislativo. Belo Horizonte: Editora D'Plácido, 2017. pp. 35 e ss.

FERREIRA FILHO, Manoel Gonçalves. Corrupção e democracia. Revista de Direito Administrativo, Rio de Janeiro, out./dez. 2001. p. 213-218.

FILIPPETTO, Rogério. Condições do acordo de não persecução penal (ANPP): lineamentos para confecção de cláusulas. Boletim IBCCRIM. São Paulo, v. 29, n. 338, p. 25-28, jan. 2021.

FIRMINO, Adriano Godoy. A legitimidade da política criminal voltada ao consenso: o acordo de não persecução penal e o papel do Ministério Público. In: CAMBI, Eduardo. Ministério Público contemporâneo e do futuro. Belo Horizonte: Editora D'Plácido, 2021. pp. 23-43.

FISCHER, Douglas. Apontamentos sobre algumas questões relevantes do acordo de não persecução penal — ANPP. In: SALGADO, Daniel de Resende; KIRCHER, Luis Felipe Schneider; DE QUEIROZ, Ronaldo Pinheiro. Justiça Consensual: acordos criminais, cíveis e administrativos. São Paulo: Editora JusPodivm, 2022. pp. 373-396.

FRAGOSO, Heleno Cláudio. Lições de Direito Penal: parte geral. Rio de Janeiro: Editora Forense, 1985.

FRANCO, Alberto Silva. Crimes Hediondos. 6ª ed. São Paulo: Ed RT, 2007.

FUX, Luiz; FRAZÃO, Carlos Eduardo. Novos paradigmas do Direito Eleitoral. Belo Horizonte: Fórum, 2016.

GALVÃO, Danyelle da Silva. Interrogatório por videoconferência. Dissertação (Mestrado em Direito), Universidade de São Paulo. São Paulo, 2012.

__________. Precedentes Judiciais no Processo Penal. São Paulo: Editora Juspodivm, 2022.

GERBER, Daniel; DORNELLES, Marcelo Lemos. Juizados Especiais Criminais. Lei 9.099/95. Comentários e críticas ao modelo consensual penal. Porto Alegre: Livraria do Advogado, 2006.

GIACOMOLLI, Nereu José. Juizados Especiais Criminais. Lei 9.099/1995. Porto Alegre: Livraria do Advogado, 2009

__________; VASCONCELLOS, Vinicius Gomes de. Justiça criminal negocial: crítica à fragilização da jurisdição penal em um cenário de expansão dos espaços de consenso no processo penal. Novos Estudos Jurídicos, v. 20, n. 3, set./dez. 2015.

GOLAMBIUK, Paulo Henrique. A evolução da ação de investigação judicial eleitoral e a atual posição preferencial que ostenta no combate aos abusos praticados frente aos demais instrumentos existentes no ordenamento. In: FUX, Luiz; PEREIRA, Luiz Fernando Casagrande; AGRA, Walber de Moura (Coord.); PECCININ, Luiz Eduardo (Org.). Tratado de Direito Eleitoral, v.6: Direito Processual Eleitoral. Belo Horizonte: Fórum, 2018, pp. 177-188.

GÓMES COLOMER, Juan-Luís; ESPARZA LEIBAR, Inaki; PÉREZ CEBADERA, María Ángeles. Introdución al Proceso Penal Federal de los Estados Unidos de Norteamerica. Gomes Colomer (org.). Valencia: Tirant lo blanch, 2013

GOMES FILHO, Antonio Magalhães. Limites ao compartilhamento de provas no processo penal. Revista Brasileira de Ciências Criminais, v. 122, ago. 2016.

GOMES, José Jairo. Direito Eleitoral. São Paulo: Atlas, 2018.

__________. Os bens jurídicos protegidos pelo art. 14, §9°, da Constituição de 1998 e a revisão das decisões das urnas. In: FUX, Luiz; PEREIRA, Luiz Fernando Casagrande; AGRA, Walber de Moura (Coord.); PECCININ, Luiz Eduardo (Org.). Tratado de Direito Eleitoral v. 7: Abuso de poder e perda de mandato. Belo Horizonte: Fórum, 2018.

GOMES, Luiz Flávio. Criminalidade organizada e democracia, por Ferrajoli. Revista Consultor Jurídico, 2012. Disponível em <https://www.conjur.com.br/2012-jul-12/coluna-lfg-criminalidade-organizada-democracia-ferrajoli>. Acesso em 12 set. 2018

GOMES, Reginaldo Gonçalves. A celeridade no julgamento das ações eleitorais: uma afronta aos direitos fundamentais. In: GUERRA, Arthur Magno e Silva; JUNIOR, José Alfredo de Oliveira Baracho; BERNARDES, Flávio Couto (org.). Direito Eleitoral: 30 anos de democracia. Belo Horizonte: Editora D'Plácido, 2018. pp. 409-428.

GONÇALVES, Luiz Carlos dos Santos. A crise de confiança no sistema de Justiça Eleitoral e o que os tipos penais eleitorais podem fazer a respeito. In: FUX, Luiz; PEREIRA, Luiz Fernando Casagrande; AGRA, Walber de Moura (Coord.); PECCININ, Luiz Eduardo (Org.). Tratado de Direito Eleitoral, v.8: Direito Penal e Processo Penal Eleitoral. Belo Horizonte: Fórum, 2018. pp. 53-74.

__________. Crimes eleitorais e processo penal eleitoral. São Paulo: Atlas, 2015.

__________; TABERTI, Vera Lúcia. Acordo de não persecução penal nos crimes eleitorais: Seria estranho se o Ministério Público Eleitoral pudesse oferecer acordo apenas para crimes conexos. Jota. 02 de março de 2020. Disponível em <https://www.jota.info/opiniao-e-analise/artigos/acordo-de-nao-persecucao-penal-nos-crimes-eleitorais-02032020>.

GONTIJO, Maria Letícia Nascimento. O acordo de não persecução penal como instrumento da justiça negocial penal — análise dos mecanismos de controle à vontade do Ministério Público. Dissertação (Mestrado em Direito), Instituto Brasiliense de Direito Público, Escola de Direito e Administração Pública. Brasília. 2021.

GRINOVER, Ada Pellegrini. Prova emprestada. Revista Brasileira de Ciências Criminais, São Paulo, v. 1, n. 4, p. 60-69, out./dez. 1993.

__________; FERNANDES, Antonio; GOMES FILHO, Antonio; GOMES, Luiz. Juizados Especiais Criminais. Comentários à Lei 9.099, de 26/09/1995. São Paulo: Editora RT, 2005.

GUARAGNI, Fabio André. Acordo de não persecução penal: Os contornos da confissão exigida pelo art. 28-A do CPP. In. DE BEM, Leonardo Schmitt e MARTINELLI, João Paulo (Org). Acordo de não persecução penal. Belo Horizonte. D' Plácido, 2020.

GUINALZ, Ricardo. Consenso no processo penal brasileiro. São Paulo: LiberArs, 2019

HASSEMER, Winfried. Desenvolvimento previsíveis na dogmática do Direito Penal e na Política Criminal. Porto Alegre: Revista Eletrônica de Direitos Humanos e Política Criminal. n. 2, abril/2008.

HANDAR, Yasmin Brehmer. Direito Penal e financiamento de campanha: uma análise sobre a proposta de criminalização autônoma das doações irregulares e do caixa dois eleitoral. Monografia (Graduação em Direito), Universidade Federal do Paraná. Paraná, 2018.

HESSICK, Andrew; SAUJANI, Reshma. Plea bairgaining and convicting the innocent: the role of the prosecutor, the defense counsel, and the judge. Brigham Young University Journal of Public Law, v. 16, 2002.

HIGÍDIO, José. ANPP que propõe inelegibilidade de parlamentar é considerado ilegal. Revista Consultor Jurídico, 27 de março de 2021. Disponível em: <https://www.conjur.com.br/2021-mar-27anpp-propoe-inelegibilidade-parlamentar-considerado-ilegal>.

JOBIM, Alexandre Kruel. A influência dos meios de comunicação no processo eleitoral. In: DE NORONHA, João Otávio; PAE KIM, Richard. Sistema Político e Direito Eleitoral brasileiros: estudos em homenagem ao Ministro Dias Toffoli. São Paulo: Atlas, 2016. pp. 21-42.

JORGE, Flávio Cheim. A natureza coletiva da ação eleitoral. In: FUX, Luiz; PEREIRA, Luiz Fernando Casagrande; AGRA, Walber de Moura (Coord.); PECCININ, Luiz Eduardo (Org.). Tratado de Direito Eleitoral, v.6: Direito Processual Eleitoral. Belo Horizonte: Fórum, 2018, pp. 291-304.

KARAM, Maria Lúcia. Juizados Especiais Criminais. A concretização antecipada do poder de punir. São Paulo: Editora RT, 2004.

KIRCHER, Luis Felipe Schneider. Justiça Penal Negocial e Verdade: há algum tipo de conciliação possível? In: SALGADO, Daniel de Resende; KIRCHER, Luis Felipe Schneider; DE QUEIROZ, Ronaldo Pinheiro. Justiça Consensual: acordos criminais, cíveis e administrativos. São Paulo: Editora JusPodivm, 2022. pp. 61-92.

LANGER, Máximo. Dos transplantes jurídicos às traduções jurídicas: a globalização do plea bargaining e a tese da americanização do processo penal. In. DELICTAE, Vol. 2, N°3, Jul.-Dez. 2017. Trad. Ricardo Jacobsen Gloeckner e Frederico C. M. Faria. pp. 19-115.

LEITE, Alaor; TEIXEIRA, Adriano (Org). Crime e Política. Rio de Janeiro: FGV Editora, 2017.

__________; TEIXEIRA, Adriano. Financiamento de partidos políticos, caixa dois eleitoral e corrupção. In: In: LEITE, Alaor; TEIXEIRA, Adriano (Org). Crime e Política. Rio de Janeiro: FGV Editora, 2017.

LEITE, Rosimeire Ventura. Justiça consensual e efetividade do processo penal. Belo Horizonte: Del Rey, 2013

LIBERATO, Ludgero. O alcance do conceito de processo jurisdicional eleitoral no direito brasileiro. In: FUX, Luiz; PEREIRA, Luiz Fernando Casagrande; AGRA, Walber de Moura (Coord.); PECCININ, Luiz Eduardo (Org.). Tratado de Direito Eleitoral, v.6: Direito Processual Eleitoral. Belo Horizonte: Fórum, 2018, pp. 21-47.

LLONA, Gabriel Borges. Justiça Eleitoral está preparada para julgar crimes conexos. Revista Consultor Jurídico. 26 de maio de 2020. Disponível em: <https://www.conjur.com.br/2020-mai-26/gabriel-llona-julgamento-crimes-comuns-conexos-eleitorais>.

LOPES, Alessandro dos Santos. Competência criminal da Justiça Eleitoral: análise sobre crimes comuns conexos aos crimes eleitorais frente ao entendimento do Supremo Tribunal Federal. Revista Eletrônica Eleições & Cidadania do TRE-PI, Volume 1, Número 1, 2020.

LOPES JR., Aury. A Crise Existencial da Justiça Negocial e o que (não) aprendemos com o JECRIM. In: Boletim IBCCRIM, Ano 29, nº 344, julho de 2021.

__________. Direito processual penal. 16. ed. São Paulo: Saraiva, 2019.

__________. Direito Processual Penal. São Paulo: Saraiva Educação, 2020

__________. Fundamentos do Processo Penal. Introdução Crítica. 3 ed. São Paulo: Saraiva, 2017.

MACEDO, Elaine Harzheim; SOARES, Rafael Morgental. O poder normativo da Justiça Eleitoral e a separação de poderes: um paradigma democrático? In: VITA, Jonathan Barros; MALISKA, Marcos Augusto (coord.). Direitos Fundamentais e Democracia II. Florianópolis: CONPEDI, 2014.

MAGALHÃES, Kelsen de França. Aplicabilidade das leis 9.099/95 e 10.259/2001 aos crimes eleitorais. In: FUX, Luiz; PEREIRA, Luiz Fernando Casagrande; AGRA, Walber de Moura (Coord.); PECCININ, Luiz Eduardo (Org.). Tratado de Direito Eleitoral, v.8: Direito Penal e Processo Penal Eleitoral. Belo Horizonte: Fórum, 2018. pp. 119-146.

MARQUES, Leonardo Augusto Marinho. Acordo de não persecução penal: Um novo começo de era (?). Boletim IBCCRIM, v. 28, n. 331. São Paulo: IBCCRIM, junho. 2020.

MARTINELLI, João Paulo; SILVA, Luís Felipe Sene da. Mecanismos de Justiça consensual e o acordo de não persecução penal. In: Acordo de não persecução penal. DE BEM; Leonardo Schmitt, MARTINELLI, João Paulo (org.). 2ª ed. Belo Horizonte, São Paulo: D´Plácido, 2020.

__________. A (ir)relevância da confissão no acordo de não persecução penal. In: DE BEM, Leonardo Schmitt e MARTINELLI, João Paulo (Orgs.). Acordo de não persecução penal. Belo Horizonte. D' Plácido, 2020. pp. 303-320.

MARTINEZ, Ana Paula. Parâmetros de negociação de acordo de leniência com o MPF à luz da experiência do CADE. In: BOTTINI, Pierpaolo Cruz; MOURA, Maria Thereza de Assis. Colaboração Premiada. São Paulo: Editora Revista dos Tribunais, 2017. p.31-52.

MARTINS JUNIOR, Wallace Paiva. Acordo de não persecução cível. In: BARROS, Francisco Dirceu. Acordos de não persecução penal e cível. Salvador: Editora Juspodium, 2021. pp. 321-351.

MENDES, Gilmar Ferreira; BRANCO, Paulo Gustavo Gonet. Curso de direito constitucional. São Paulo: Saraiva Educação, 2019.

MENDONÇA, Andrey Borges; CAMARGO, Fernão Pompeo; RONCADA, Katia H. M. Acordo de não persecução penal e a justiça restaurativa. Mais um passo no caminho da transformação social. In: Paulo Gustavo Gonet Branco, Manoel Jorge e Silva Neto, Helena Mercês Claret da Mota, Cristina Rasia Montenegro, Carlos Vinícius Alves Ribeiro (org.) Direitos Fundamentais em Processo. Estudos em comemoração aos 20 anos da Escola Superior do Ministério Público da União. Brasília: ESMPU, 2020, p. 65. Disponível em: <http://escola.mpu.mp.br/publicacoes/obras-avulsas/e-books-esmpu/direitos-fundamentais-em-processo-2013-estudos-em-comemoracao-aos-20-anos-da-escola-superior-do-ministerio-publico-da-uniao/livro-completo-web-direitos-fundamentais-em-processo.pdf>.

MILANEZ, Carlos José Cogo; PIEROBON, Flávio; PAULA, Jônatas Luiz Moreira; GARCIA, Miguel Angelo Aranega (orgs.). Fundamentos do Direito Eleitoral. Belo Horizonte: Editora D'Plácido, 2017.

MOISÉS, José Álvaro. Corrupção Política e Democracia no Brasil Contemporâneo. In: MOISÉS, José Álvaro; MENEGUELLO, Rachel (Org.). A desconfiança política e os seus impactos na qualidade da democracia. São Paulo: Editora da Universidade de São Paulo, 2013.

MONTEIRO, Pedro. A confissão no acordo de não persecução penal. Disponível em: <https://www.conjur.com.br/2020-set-14/pedro-monteiro-confissao-acordo-nao-persecucao-penal> Acesso em 05/01/2022.

MOREIRA, Rômulo de Andrade. O acordo de não persecução penal. In. DE BEM, Leonardo Schmitt e MARTINELLI, João Paulo (Org.). Acordo de não persecução penal. Belo Horizonte. D' Plácido, 2020.

MOURA, Maria Thereza Rocha de Assis; BOTTINI, Pierpaolo (Coord.). Colaboração premiada. São Paulo: RT, 2017.

__________; SAAD, Marta. Acordo de não persecução penal: desafios já diagnosticados da reforma trazida pela Lei 13.964/2019. In: SALGADO, Daniel de Resende; KIRCHER, Luis Felipe Schneider; DE QUEIROZ, Ronaldo Pinheiro. Justiça Consensual: acordos criminais, cíveis e administrativos. São Paulo: Editora JusPodivm, 2022. pp. 397-418.

NEISSER, Fernando Gaspar. Crime e mentira na política. Belo Horizonte: Fórum, 2016.

__________. Crimes eleitorais e controle material da propaganda eleitoral: necessidade e utilidade da criminalização da mentira na política. Dissertação (Doutorado em Direito) — Faculdade de Direito, Universidade de São Paulo. São Paulo, 2014.

__________; BOTTINI, Pierpaolo. A hora do Direito Penal Eleitoral. Poder360, 29 de agosto de 2021. Disponível em: <https://www.poder360.com.br/opiniao/a-hora-do-direito-penal-eleitoral-escrevem-pierpaolo-bottini-e-fernando-neisser/>.

NEVES FILHO, Carlos. Propaganda eleitoral e o princípio da liberdade da propaganda política. Belo Horizonte: Fórum, 2012.

NICOLAI, Thiago Diniz Barbosa e FERREIRA, Renata Rodrigues de Abreu Ferreira. O valor da confissão no acordo de não persecução penal. Disponível em: <https://www.conjur.com.br/2020-jun-08/nicolai-ferreira-valor-confissoes-anpp> Acesso em 08/01/2022.

NUCCI, Guilherme de Souza. Pacote anticrime comentado: Lei 13.964, de 24/12/2019. Rio de Janeiro: Forense.

OLIVEIRA, Rafael Serra. Consenso no processo penal: uma alternativa paraa crise do sistema criminal. São Paulo: Almedina, 2015.

OSÓRIO, Fernanda Corrêa. Considerações sobre a colaboração premiada: análise crítica do instituto introduzido com o advento da Lei 12.850/2013. In: Processo penal e garantias: estudos em homenagem ao Professor Fauzi Hassan Choukr. Florianópolis: Empório do Direito, 2016.

PACELLI DE OLIVEIRA, Eugênio. Curso de Processo Penal. São Paulo: Atlas, 2017

PAE KIM, Richard. Fundamentalidade dos direitos políticos: elegibilidade e inelegibilidade. In: Cadernos Jurídicos, São Paulo, ano 17, nº 42, Janeiro-Março/2016. pp.77-98.

PELEJA JÚNIOR, Antonio Veloso; BATISTA, Fabrício Napoleão Teixeira. Direito eleitoral — aspectos processuais, ações e recursos de acordo com a Lei da Ficha Limpa. Curitiba: Juruá, 2014.

PEREIRA, Rodolfo. Ensaio sobre o ódio e a intolerância na propaganda eleitoral. In: DE NORONHA, João Otávio; PAE KIM, Richard. Sistema Político e Direito Eleitoral brasileiros: estudos em homenagem ao Ministro Dias Toffoli. São Paulo: Atlas, 2016. pp. 673-694.

PEREZ, Stephanie Carolyn; PASCOLATI JUNIOR, Ulisses Augusto. Controle judicial nos casos de recursa do Ministério Público ao oferecimento da proposta de acordo de não persecução penal. In: Boletim IBCCRIM, Ano 29, nº 348, novembro de 2021

PIEDADE, Antonio Sergio Cordeiro; SOUSA, Leandro Cordeiro; CIPRIANO, Waleska Roberta Rodrigues. Tutela penal eleitoral: a necessidade de traçar um novo paradigma para a formulação dos tipos penais na esfera eleitoral. In: FUX, Luiz; PEREIRA, Luiz Fernando Casagrande; AGRA, Walber de Moura (Coord.); PECCININ, Luiz Eduardo (Org.). Tratado de Direito Eleitoral, v.8: Direito Penal e Processo Penal Eleitoral. Belo Horizonte: Fórum, 2018.

PINHEIRO, Igor Pereira. Crimes Eleitorais e conexos: aspectos materiais e processuais. São Paulo: JH Mizuno, 2020.

PONTE, Antonio Carlos da; AOKI, Luis Gustavo de Oliveira Santos. O alcance e os bens jurídicos resguardados pelo Direito Eleitoral. In: FUX, Luiz; PEREIRA, Luiz Fernando Casagrande; AGRA, Walber de Moura (Coord.); PECCININ, Luiz Eduardo (Org.). Tratado de Direito Eleitoral, v.8: Direito Penal e Processo Penal Eleitoral. Belo Horizonte: Fórum, 2018.

RAMAYANA, Marcos. Direito Eleitoral. Niterói: Impetus, 2015.

RANGEL, Paulo. Direito Processual Penal. 28. ed. São Paulo: Atlas, 2020.

REALE JUNIOR, Miguel e WUNDERLICH, Alexandre. Justiça negocial e o vazio do Projeto Anticrime. Boletim IBCCRIM, v. 27, n. 318. São Paulo: IBCCRIM, mai/2019.

Resolução do CNMP de nº 181, de 7 de agosto de 2017. Disponível em: <https://www.cnmp.mp.br/portal/images/Resolucoes/Resoluo-181-1.pdf>.

Resolução do CNMP de nº 183, de 7 de agosto de 2017. Disponível em: <https://www.cnmp.mp.br/portal/images/Resolucoes/Resoluo-183.pdf>.

RIBEIRO, Carlos Vinícius Alves. Acordos na Justiça Eleitoral: negócios jurídicos eleitorais. Belo Horizonte: Fórum, 2020.

ROCHA, Heloisa R. Considerações sobre os acordos de não persecução penal (ANPP) firmados após o pacote anticrime. Revista Jus Navigandi, Teresina, ano 25, 12 maio 2020. Disponível em: <https://jus.com.br/artigos/81719>.

RODRIGUES, Rodrigo Alves. Principais aspectos do acordo de não persecução penal. Disponível em: <https://ambitojuridico.com.br/cadernos/direito-processual-penal/principais-aspectos-do-acordo-de-nao-persecucao-penal/> Acesso em 04/01/2022.

ROMANELLI, Bruno Karpstein. A desconsideração da fundamentalidade dos direitos políticos: uma análise alicerçada nas restrições da legislação eleitoral. In: SANTANO, Ana Claudia; LORENZETTO, Bruno Meneses; GABARDO, Emerson (Coord.). Direitos fundamentais na nova ordem mundial: Livro do I Congresso Internacional — Direitos Fundamentais na Nova Ordem Mundial. Curitiba: Íthala, 2018. pp. 398-399.

ROSA, Alexandre Morais da. Para entender a delação premiada pela teoria dos jogos: táticas e estratégias do negócio jurídico. 2ª ed — Florianópolis: Emais, 2019.

ROSA, Alexandre Moraes da; ROSA, Luísa Walter da; BERMUDEZ, André Luiz. Como negociar o acordo de não persecução penal: limites e possibilidades. Florianópolis: Emais, 2021.

ROXIN, Claus. A proteção de bens jurídicos como função do Direito Penal. Porto Alegre: Livraria do Advogado, 2018.

__________. Derecho penal: parte general. Tomo I. Fundamentos. La estructura de la teoria del delito. Madrid: Civitas, 1997.

__________. Política criminal e sistema jurídico-penal. Trad. de Luís Greco. Rio de Janeiro: Renovar, 2002.

SALES, José Edvaldo Pereira. As (im)possibilidades de um Direito Penal eleitoral brasileiro. In: FUX, Luiz; PEREIRA, Luiz Fernando Casagrande; AGRA, Walber de Moura (Coord.); PECCININ, Luiz Eduardo (Org.). Tratado de Direito Eleitoral, v.8: Direito Penal e Processo Penal Eleitoral. Belo Horizonte: Fórum, 2018.

SALGADO, Eneida Desiree. Princípios constitucionais eleitorais. Belo Horizonte: Fórum, 2015.

SÁNCHEZ, Juan Antonio Lascuraín; INCHAUSTI, Fernando Gastón. Por que os inocentes celebram acordos com reconhecimento de culpa? In: SALGADO, Daniel de Resende; KIRCHER, Luis Felipe Schneider; DE QUEIROZ, Ronaldo Pinheiro. Justiça Consensual: acordos criminais, cíveis e administrativos. São Paulo: Editora JusPodivm, 2022. pp. 93-123.

SANTORO, Antonio Eduardo Ramires. A conformação ideológica dos movimentos de reforma processual penal no Brasil. In: LEMOS, Bruno Espiñeira; GONÇALVES, Carlos Eduardo; QUINTIERE, Víctor Minervino. Comentários críticos às principais reformas penais brasileiras. Belo Horizonte: Editora D'Plácido, 2019. pp. 77-91.

SANTOS, Marcos Paulo Dutra. Colaboração (delação) Premiada. — Salvador: JusPodium, 2016, p. 29.

SCHÜNEMANN, Bernd. Cuestiones básicas de la estructura y reforma del procedimiento penal bajo una perspectiva global. Revista de Derecho Penal y Criminología, v. 25, n. 76, p. 175-197, 2004.

__________. Um olhar crítico ao modelo processual penal norte-americano. In: SCHÜNEMANN, Bernd; GRECO, Luís (Coord.). Estudos de Direito Penal, direito processual penal e filosofia do Direito. São Paulo: Marcial Pons, 2013. p. 240-261.

SILVA, Adriana Campos; GOMES, Vinicius da Costa. A restrição à propaganda eleitoral como resultado de uma (aparente) supremacia da segurança sobre a liberdade: estudo de caso da Representação 1658-65.2014.6/00/0000 do TSE. In: GUERRA, Arthur Magno e Silva; JUNIOR, José Alfredo de Oliveira Baracho; BERNARDES, Flávio Couto (org.). Direito Eleitoral: 30 anos de democracia. Belo Horizonte: Editora D'Plácido, 2018. pp. 369-392.

SILVA SÁNCHEZ, Jesús-María. A expansão do Direito Penal: Aspectos da política criminal nas sociedades pós-industriais. São Paulo: Editora Revista dos Tribunais, 2011.

SIQUEIRA, Carol; SEABRA, Roberto. Grupo de trabalho consolida toda a legislação eleitoral em uma só proposta. Brasília: Agência Câmara de Notícias. 20 de agosto de 2021. Disponível em: <https://www.camara.leg.br/noticias/797472-grupo-de-trabalho-consolida-toda-a-legislacao-eleitoral-em-uma-so-proposta/>.

SOUZA, Renee do Ó. A opção político-criminal do Acordo de Não Persecução Penal como instrumento de segurança pública. Revista do Ministério Público do Estado do Rio de Janeiro, v. 74, dezembro. 2019, p. 184. Disponível em <http://www.mprj.mp.br/documents/20184/1506380/Renee+do+%C3%93+Souza.pdf>. Acesso em 07/01/2022.

_________. O real limite contemporâneo da independência funcional do membro do Ministério Público. In: CAMBI, Eduardo. Ministério Público contemporâneo e do futuro. Belo Horizonte: Editora D'Plácido, 2021. pp. 905-923.

_________. Os efeitos transversais da colaboração premiada e do acordo de leniência. Belo Horizonte: Editora D'Plácido, 2021.

_________; DOWER, Patrícia Eleutério Campos. Algumas respostas sobre o acordo de não persecução penal. In: Acordos de não persecução penal e cível. Salvador: Editora Juspodium, 2021. pp. 207-251.

STEIN, Ana Carolina Fillipon. Acordo de não persecução penal e presunção de inocência: a (im)possibilidade da presença do direito fundamental à presunção de inocência em ambiente extraprocessual negocial. In: DE BEM, Leonardo Schmitt e MARTINELLI, João Paulo (Orgs.). Acordo de não persecução penal. Belo Horizonte. D' Plácido, 2020. pp. 29-50.

TOURINHO FILHO, Fernando da Costa. Comentários à Lei dos Juizados Especiais Criminais. 8 ed. São Paulo: Saraiva, 2011.

TRIBUNAL SUPERIOR ELEITORAL. Sistematização das normas eleitorais: eixo temático 6. Crime e Processo Penal Eleitoral. Brasília, 2021. Disponível em: <https://www.tse.jus.br/hotsites/catalogo-publicacoes/pdf/tse-sne-2-eixo-tematico-vi-crimes-eleitorais-processo-penal-eleitoral-v7.pdf>

TURESSI, Flávio E. Justiça penal negociada e criminalidade macroeconômica organizada. Salvador: JusPodivm, 2019.

TURNER, Jenia. Plea Bargaining Across Borders: Criminal Procedure. New York: Aspen Publishers, 2009.

VALENTE, Victor Augusto Estevam. Reparação do dano e os reflexos da confissão pré-processual no acordo de não persecução penal. In: DE BEM, Leonardo Schmitt e MARTINELLI, João Paulo (Orgs.). Acordo de não persecução penal. Belo Horizonte. D' Plácido, 2020. pp. 321-361.

VASCONCELLOS, Vinicius G. Barganha e justiça criminal negocial: análise das tendências de expansão dos espaços de consenso no processo penal brasileiro. 2. ed. Belo Horizonte: D'Plácido, 2018.

_________. Colaboração premiada no processo penal. São Paulo: RT, 2017.

_________. Compartilhamento de Provas na Colaboração Premiada: Limites à Persecução Penal Baseada nos Elementos de Autoincriminação Produzidos pelo Delator. RDU, Porto Alegre, Volume 15, n. 87, 2019, 9-24, maio-jun 2019.

_________; REIS, Dimas Antônio Gonçalves Fagundes. Limites à utilização da confissão do imputado realizada como requisito ao acordo de não persecução penal. Revista de Estudos Criminais, Porto Alegre,v. 20, n. 80, pp. 264-279, 2021.

_________. Justiça Criminal Negocial e Direito de Defesa: os Acordos no Processo Penal e seus Limites Necessários. In: Boletim IBCCRIM, Ano 29, nº 344, julho de 2021.

WOCHNICKI, Daniela de Cássia. Crimes eleitorais e inelegibilidade. In: FUX, Luiz; PEREIRA, Luiz Fernando Casagrande; AGRA, Walber de Moura (Coord.); PECCININ, Luiz Eduardo (Org.). Tratado de Direito Eleitoral, v.8: Direito Penal e Processo Penal Eleitoral. Belo Horizonte: Fórum, 2018. pp. 147-161.

WUNDERLICH, Alexandre. Colaboração premiada: o direito à impugnação de cláusulas e decisões judiciais atinentes aos acordos. In: BOTTINI, Pierpaolo Cruz; MOURA, Maria Thereza de Assis. Colaboração Premiada. São Paulo: Editora Revista dos Tribunais, pp. 17-29, 2017.

ZILIO, Rodrigo López. Direito Eleitoral. Porto Alegre: Verbo Jurídico, 2016.